NOTRE-DAME
DE
PARIS
Par M. de LALANDE.

AVIS

Les personnes qui visitent l'Eglise sont priées :

1° *De marcher doucement ;*

2° *De ne parler qu'à voix basse ;*

3° *De ne point cracher par terre ;*

4° *De ne point former des groupes ;*

5° *De ne point porter avec eux des paquets volumineux.*

PARIS

HERVÉ DU LORIN, ÉDITEUR

INTERPRÈTE AGRÉÉ A L'ÉGLISE MÉTROPOLITAINE DE PARIS

21, rue d'Arcole.

PRÉFACE

Pour que les visiteurs puissent visiter l'église Notre-Dame avec fruit et en conserver quelque souvenir profitable, nous avons jugé nécessaire de leur offrir, aux étrangers, aussi bien qu'aux Français, une notice contenant toutes les indications désirables, mais assez restreinte pour ne pas faire un volume trop coûteux. C'est ce que nous croyons avoir réalisé dans ce petit volume qui est aussi complet que possible.

En effet, qui pourrait retenir tous les détails merveilleux de la vieille basilique parisienne? Ses sculptures et ses peintures, ses vitraux nous racontent l'histoire biblique et évangélique de la sainte Vierge. Ils nous montrent les témoins et les principaux chantres de ses vertus et de ses gloires. Ils nous révèlent les origines et l'histoire de l'Église de Paris. Ils nous représentent la tradition hiérarchique de l'apostolat descendant des Papes par saint Denis, et transmise de siècle en siècle jusqu'à son Eminence Mgr Guibert, archevêque actuel de Paris.

En résumé Notre-Dame est un musée d'histoire, d'architecture, d'archéologie, de peinture, de sculpture, d'objets curieux et précieux. Il est unique dans son genre, les objets qu'il contient sont tous des chefs-d'œuvre. C'est pourquoi ce qui caractérise Paris, ce n'est ni le Louvre, ni le Panthéon, ni aucun autre monument, c'est Notre - Dame. Aussi les Parisiens sont-ils fiers de la vieille basilique qu'ils s'empressent de montrer avec un légitime orgueil, à tous ceux qui viennent visiter la capitale.

Notre-Dame est leur *Palladium* auquel est attaché leur sort. Ils sentent qu'il y a là plus qu'un sublime monument de pierre, mais qu'elle est le trône grandiose du haut duquel la mère du Sauveur, entourée de tous les saints implorés dans la basilique depuis ses origines, veille sur Paris et protége la France.

NOTRE-DAME

PREMIÈRE PARTIE

CHAPITRE PREMIER

HISTOIRE

L'origine de l'église Notre-Dame se perd dans les obscurités de l'histoire primitive de Paris. D'après quelques auteurs, elle daterait de saint Denis, premier évêque de Paris, qui en aurait posé la première pierre. Mais elle n'aurait pas porté le nom de Notre-Dame, mais celui de Saint-Denis du Pas. Toutefois, d'après le témoignage de saint Grégoire de Tours, saint Denis n'est venu à Paris qu'à l'époque où cette ville avait encore pour pontifes les druides, et pour culte des sacrifices humains. Alors ce saint et ses compagnons étaient obligés d'aller célébrer la messe dans les carrières des environs de la ville. Il est donc difficile d'admettre que la première église de Paris ait été un édifice élevé ostensiblement au milieu de la cité païenne. Elle ne pouvait être qu'une chambre dans les appartements de quelque riche chrétien, ou une maison ayant toutes les apparences extérieures des autres comme dans tous les pays où règne la persécution.

Quoi qu'il en soit de ces conjectures, ce n'est que lorsque Constantin eut arboré le Labarum triomphant sur le capitole de Rome et que plus tard au quatrième siècle Clovis, le vainqueur de Tolbiac, eut adoré la croix, que l'Eglise eut droit de cité dans les Gaules. Alors la foi des chrétiens s'épanouit au milieu des cités gallo-romaines, en basiliques admirables. Or, à cette époque de 375 à 380, sous le pontificat de Pudentius, septième successeur de saint Denis, dans une petite île de la Seine, sur les ruines d'un temple de Jupiter, fut construite une église modeste, dédiée à sainte Marie, mais qui ne tarda pas à être insuffisante aux besoins de la population toujours croissante de Lutèce.

A la fin du sixième siècle, Childebert lui donna la terre de Celle près de Montereausur-Yonne. Dans la charte qui consacre cette donation, il l'appela l'Eglise Mère, dédiée à sainte Marie. Saint Cloud fit également don de son monastère à l'église-mère de SainteMarie dans laquelle Frédégonde se réfugia.

Plus tard, en 1710, des fouilles exécutées

dans le chœur actuel justifièrent la tradition qui faisait construire la basilique sur les ruines d'un temple de Jupiter. On y trouva neuf pierres sculptées et entourées d'inscriptions attestant qu'elles provenaient d'un autel dédié à ce dieu et aux divinités gauloises.

Il fallut bientôt remplacer l'église Sainte-Marie par une cathédrale plus considérable. Or, en 555, Childebert, sollicité par saint Germain évêque de Paris, selon l'usage de ce temps, en construisit deux à côté l'une de l'autre, sur le même emplacement. L'une fut dédiée à saint Étienne, et la seconde à sainte Marie. Saint-Étienne la plus grande, qui renfermait plusieurs pierres ayant servi à lapider ce saint diacre, devint la cathédrale et la paroisse royale de Paris.

Un certain nombre de ces pierres teintes encore du sang du premier martyr avaient été apportées en France, et furent placées dans les murs des sanctuaires dédiés au saint diacre. Telle est l'origine de la plupart des églises qui sont encore sous le vocable de Saint-Étienne. La richesse des ornements de cette cathédrale était si grande pour l'époque, que saint Fortunat, évêque de Poitiers, ne put s'empêcher d'en célébrer les splendeurs dans un poëme qu'il dédia à saint Germain. Il la compare au temple de Salomon qu'elle surpasse en beauté, puisqu'elle est teinte du sang de Jésus-Christ. Il chante ses belles colonnes de marbre et ses fenêtres à vitraux, ce qui était une merveille pour ce temps-là. Or, des fouilles pratiquées sur la place du parvis en 1710 découvrirent trois de ces colonnes. Elles étaient en marbre noir et blanc, grand antique d'Aquitaine, de style mérovingien. Plus tard, en 1847, la restauration des façades méridionales et septentrionales montrèrent d'autres fragments de colonnes employées dans leurs substructions.

Cette église dura trois siècles ; elle échappa au grand incendie qui consuma toutes les maisons de Paris en 586, moins les églises, et vit sous son dôme la réunion du premier concile de Paris en 629.

Mais en 857, lorsque les Normands brûlèrent toutes les autres églises, ils ne respectèrent Saint-Étienne qu'au prix d'une forte rançon qui leur fut payée par les Parisiens.

Cependant, après la conversion de Rollon, duc de Normandie, saint Anschérius, évêque de Paris en 907, releva Sainte-Marie de ses ruines. Sa restauration fut achevée par l'archidiacre Étienne de Garlande. C'est alors que Suger, abbé de Saint-Denis, y fit placer un magnifique vitrail dont il doit rester quelques fragments dans la rose de la grande façade.

Ces deux églises ne tardèrent pas à devenir

Grande façade.

trop petites pour la foule des fidèles ; elles durèrent jusqu'au règne du roi Philippe-Auguste. Alors Maurice de Sully, évêque de Paris, voulut édifier une cathédrale digne de la France à la place de ces deux églises. On les démolit et dans leurs murs on trouva des reliques précieuses qui y avaient été déposées depuis longtemps : trois dents de saint Jean-Baptiste, un bras de saint André, les pierres de la lapidation de saint Etienne, une partie de la tête de saint Denis. Ces reliques furent transportées solennellement à Sainte-Marie. Bientôt cette église fut rasée et en 1163 commença la construction de la Notre-Dame actuelle sur des proportions beaucoup plus grandes. C'est le pape Alexandre III, alors réfugié en France, qui en posa la première pierre à la place occupée par les fondations de Sainte-Marie. On profita de ces travaux pour ouvrir auprès de l'église la rue Neuve Notre-Dame qui est la rue actuelle du cloître, célébrée au treizième siècle en ces termes par le poëte Guillot, dans son Dictionnaire des rues de Paris :

Puis en la cité promtement
M'en vins après privéement
La rue du Sablon pour m'eme
Puis rue Neuve de Notre-Dame.

Eudes de Sully, l'un des successeurs de Maurice, continua l'œuvre de son prédécesseur. Le maître-autel fut consacré en 1182, quatre jours après la Pentecôte, par Henry légat du Pape, et le 17 janvier 1185, Héraclius patriarche de Jérusalem, l'inaugurait par une messe solennelle. Bien que l'église ne fût pas terminée, dès ce jour on ne cessa d'y célébrer les saints mystères.

L'année suivante, en 1186, le corps de Geoffroi, duc de Bretagne, fils d'Henri II d'Angleterre, fut inhumé devant le maître-autel.

Notre-Dame ne fut terminée qu'au quatorzième siècle, car une inscription conservée sur les pierres du portail méridional prouve qu'on y travaillait encore en 1257. Ainsi, nos pères mirent trois siècles à construire cet admirable monument qui témoigne de leur piété envers la *Mère des douleurs*. C'est pourquoi les diverses parties de Notre-Dame portent le caractère des différentes époques auxquelles appartiennent ses constructeurs. Le chœur est du douzième siècle, la nef, la façade principale, le portail du sud du treizième siècle ; le portail septentrional et les chapelles absidales qui entourent le chœur et la porte rouge du quatorzième siècle.

Plus tard sous Louis XIV et sous Louis XV, de 1699 à 1753, la basilique subit des dégradations sous prétexte de réparations. Il était de mode alors de mépriser le moyen-âge et ses œuvres. C'est à l'influence de ces préjugés qu'il faut attribuer la suppression des belles stalles du chœur qui dataient du quatorzième siècle, du jubé et de la clôture à jour du rond-point. En même temps furent détruits l'antique maître-autel de Maurice de Sully, qui était entouré de colonnes de cuivre, orné de châsses précieuses et de tombeaux remarquables, ainsi que les vitraux du chœur, de la nef et des chapelles.

En 1771, Soufflot faisait subir de nouvelles mutilations au portail du *Jugement*, et de 1773 à 1787 les mêmes préjugés laissaient dégrader les murailles de la partie méridionale, des chapelles et de la nef, les arcs-boutants du chœur et les parties supérieures de la grande façade.

En 1785, après l'incendie qui consuma l'Hôtel-Dieu, Notre-Dame reçut une partie des malades de cet hôpital.

La Révolution vint achever l'œuvre commencée sous Louis XIV. Une grande partie des merveilleuses sculptures de la vénérable basilique furent mutilées par les suppôts de la Commune.

En août 1793, un décret en ordonnait la destruction, mais comme nous le verrons, il fut immédiatement rapporté. Ce qui n'empêcha pas que la plupart des statues fussent brisées, mutilées ou dispersées par une populace aveuglée.

Le 10 novembre (20 brumaire) de la même année, la Convention abolissait la religion chrétienne, et édictait une loi par laquelle Notre-Dame était convertie en *Temple de la Raison*. Le matin de ce jour, en vertu d'un arrêté de la Commune la statue de la *ci-devant Sainte-Vierge* fut remplacée par celle de la *Liberté*. Pour célébrer cet événement les musiciens de la garde nationale de Paris avec une grande foule de peuple, vinrent jouer et chanter des hymnes patriotiques devant elle.

Ces jacobins, après être allés demander à la Convention, par l'organe du trop célèbre Chabot, la loi dont nous venons de parler, revinrent dans la soirée avec les députés inaugurer les saturnales qui durèrent jusqu'au 12 mai (23 floréal) 1794.

Dans le chœur était construite une montagne au sommet de laquelle brûlait sur un rocher le flambeau de la Vérité. Au-dessus s'élevait un temple grec sur le frontispice duquel on lisait : *A la philosophie*, et les gradins de l'estrade portaient échelonnés les bustes de Voltaire, de Jean-Jacques Rousseau et des principaux matérialistes de ce siècle. Au fond de ce temple, *sur le maître-autel de la basilique* était assise la déesse Raison, figurée par la demoiselle Maillard du corps des ballets de l'Opéra, que Chaumette avait menacée de traiter en simple mortelle si elle refusait les honneurs divins. Pendant qu'elle recevait les hommages des principaux personnages présents à la cérémonie, d'autres malheureuses filles vêtues de blanc, le front ceint d'une couronne de chêne, larmées d'un flambeau, défilaient en procession sur la montagne et sur l'estrade au son de la musique qui jouait les hymnes patriotiques d'André Chénier. Dans ces jours de douloureuse mémoire, la chaire retentissait des blasphèmes d'une foule d'impies et en particulier du comédien Monvel qui, précurseur de Proudhon, sommait Dieu de le foudroyer s'il existait.

Les chapelles latérales comme le sanctuaire étaient changées en lieux de prostitution, et l'on conduisait en procession dans l'église un âne coiffé d'une mitre et revêtu d'une chape. En résumé, pendant cette triste période de six mois dans laquelle la vieille basilique de nos pères fut livrée à ces enragés, aucune dégradation, aucune profanation ne lui fut épargnée. Notre-Dame, le sanctuaire de la pureté, fut convertie en temple de Vénus et de Bacchus.

A partir du 12 mai 1794 elle resta fermée comme toutes les autres églises jusqu'au rétablissement du culte; et, le 8 août 1802, les chrétiens de Paris échappés à la tourmente révolutionnaire purent venir en liberté pleurer sur les débris mutilés et souillés de la noble basilique.

En 1803, on rétablissait le chœur et Révol le séparait de la nef par une grille exécutée d'après les dessins de Percier et de Fontaine.

L'année suivante, la vieille métropole revoyait les splendeurs de ses plus beaux jours. C'étaient les cérémonies du sacre de l'empereur présidées par le pape Pie VII, qui semblait s'y être rendu pour assister à sa nouvelle inauguration, comme six siècles auparavant Alexandre III était venu en poser la première pierre. Ce pontife l'érigea en basilique mineure, par décret en date du 27 février 1805.

Depuis ce jour quelques réparations de détails furent exécutées jusqu'à ce que sa restauration complète fût décidée. Enfin, en 1845, la Chambre des députés vota des fonds pour cette réparation. MM. Lassus et Viollet-Leduc en furent chargés. D'après l'estimation de ce dernier, la construction de Notre-Dame telle qu'elle est aujourd'hui ne coûterait pas moins de 80 millions.

Notre-Dame avait été témoin du mariage de François II, roi de France avec Marie Stuart en 1558 ; elle vit le sacre, puis le mariage de Napoléon Ier, le service funèbre du duc d'Orléans, fils aîné de Louis-Philippe, en 1842, le mariage de Napoléon III en 1853, le baptème du prince impérial en 1857.

Après avoir été souillée par les saturnales

de 93, elle devait recevoir les injures de la
Commune de 1871. En effet, c'était le vendredi saint pendant que le P. Olivier prê-
chait la Passion, la basilique fut envahie par
les suppôts de la Commune, et le clergé n'eut
que bien juste le temps de s'enfuir avant
qu'elle ne fût totalement cernée. Dès ce
moment, jusqu'à leur retraite vers le Père-
Lachaise, ils l'occupèrent militairement.
Alors des agents vinrent inventorier le trésor
qu'ils emportèrent au *garde-meuble*, c'est là
que ces objets précieux ont été retrouvés,
maculés et détériorés.

Cependant Notre-Dame était condamnée
comme les Tuileries. En conséquence, les
incendiaires amenèrent deux voitures char-
gées de tonneaux de pétrole pour incendier les
tours. La crainte de griller les malades com-
munards de l'Hôtel-Dieu fit surseoir à cette
exécution. Mais arriva le moment où ils du-
rent abandonner la Cité. Alors malgré les
femmes des rues voisines qui se battirent
avec eux pour les en empêcher, ces forcénés
firent cinq foyers avec les chaises et l'ameublement de l'église, arrosés de pétrole et
couverts de poudre. L'un au milieu du sanctuaire sur la mosaïque qui fut calcinée ainsi
que le maître-autel; les flammes fondirent
une lampe de cuivre suspendue en cet endroit;
et les six autres dans la nef et dans les bas
côtés. La plupart s'éteignirent d'eux-mêmes

faute d'aliment ; mais l'incendie ne fut totalement arrêté que par les élèves en médecine, internes de l'Hôtel Dieu, et par les habitants du quartier accourus aussitôt que les incendiaires eurent disparu. Les dégâts causés par la Commune sont incalculables.

CHAPITRE II

ABORDS DE NOTRE-DAME

Lorsque vous arrivez sur la place du Parvis de Notre-Dame, à droite s'élève la façade de l'Hôtel-Dieu qui remplace l'ancienne église de Saint-Christophe, qui venait décrire l'angle de la rue du Petit-Pont, et à gauche vous voyez le nouvel Hôtel-Dieu bâti sur l'emplacement des anciennes écoles de la cathédrale.

Devant vous s'étend la place du *parvis* Notre-Dame, expression qui signifiait l'ensemble du quartier de la basilique.

Au milieu de cette place devant l'Hôtel-Dieu se dressait autrefois une colonne formée de trois statues : deux dans le soubassement, Aaron et David qui portaient sur leur tête celle de Notre-Seigneur Jésus-Christ tenant dans ses mains le livre des Évangiles. Ces statues exposées à l'air depuis des siècles étaient arrivées à un tel point de désaggrégation qu'on ne pouvait plus en distinguer les personnages. C'est pourquoi, le peuple avait imaginé à leur sujet des légendes grotesques. Cette colonne fut détruite en 1748.

A cette époque, on n'entrait pas de plein pied dans la basilique; il fallait descendre un escalier de treize marches au bas duquel se trouvaient primitivement les cuves du baptistère. Cette disposition était sujette à de graves inconvénients: d'une part, l'humidité qui rongeait les peintures de l'église; de l'autre, les eaux de la Seine qui l'envahissaient pendant les grandes crues, déterminèrent à supprimer l'escalier et à exhausser le sol de l'intérieur. Ce travail a probablement été fait de 1699 à 1753, lorsqu'on a renouvelé le dallage de l'église.

En cet endroit, vous pouvez contempler l'un des plus beaux monuments du moyen âge. Massif à sa base, il se dégage et devient plus léger à mesure qu'il s'élance dans les airs. Une variété sans cesse nouvelle d'ornements en couvre toutes les parties: dais, aiguilles, lancettes, fleurons, guirlandes, couronnes, roses, trèfles, quatrefeuilles, statues, bas-reliefs et figures fantastiques s'y étagent avec goût et symétrie. L'âme semble se dégager des choses de la terre à mesure qu'elle s'élève avec l'édifice vers la croix qui domine la nouvelle flèche de la vieille basilique. Autrefois il régnait autour de Notre-Dame un cloître dont les portes venaient s'ouvrir sur le parvis, à côté de chacune des tours. Près de celle du sud et du Petit-Pont, se trouvait l'église de Saint-Jean le Rond, qui était le baptistère de l'antique métropole de Saint-Étienne où se

Porte rouge.

rendaient certains jugements ecclésiastiques.

Lors de sa démolition, son titre a été reporté sur une autre chapelle, probablement construite pour le même objet à côté du portail septentrional, au milieu de la rue actuelle du Cloître-Notre-Dame. On l'appelait Saint-Jean le Rond, à cause de la forme de rotonde qui était donnée à la plupart des baptistères.

Après avoir servi longtemps de paroisse aux employés laïcs de la cathédrale, elle a été détruite en 1748. Alors les fonts baptismaux furent transférés à Saint-Denis du Pas.

Du côté du sud, là où se trouve actuellement la grille de bois qui sert de clôture à la cour du presbytère s'élevaient primitivement les écoles et l'université de Notre-Dame. Elles furent plus tard transportées dans une maison qui faisait le coin de la rue du Cloître et de la place du Parvis. Dans l'Hôtel-Dieu se trouvait également le collége des Dix-Huit que l'on transféra en face, auprès de l'Université.

Du même côté mais plus loin, entre la métropole et la Seine, était l'église de Saint-Denis du Pas, ou *du Passage,* construite vers le neuvième siècle. Après avoir servi de baptistère et à l'accomplissement de certaines cérémonies archiépiscopales, depuis 1748, elle a été totalement détruite en 1813.

Près de Saint-Denis du Pas existait une autre chapelle, construite par Maurice de Sully. Elle avait échappé à la tourmente de 93, l'émeute de 1832 détruisit ses derniers fragments.

C'était au bord de la Seine et dans le square actuel, qui s'étend au chevet de Notre-Dame, que s'élevait l'archevêché entouré de ses dépendances. Le palais qui datait de Louis XIII a été pillé et détruit par les émeutiers de 1832.

Depuis cette époque, les archevêques de Paris habitent un hôtel qui fait le coin de la rue de Grenelle Saint-Germain et de l'Esplanade des Invalides.

CHAPITRE III

FAÇADE

La façade de Notre-Dame se compose de trois portails, de deux tours et de trois galeries.

ARTICLE PREMIER

Portails

En arrivant sur la place du Parvis la première chose qui frappe les yeux, ce sont les trois portails de la Métropole. Les sculptures qui en faisaient l'ornement, avaient été condamnées à une destruction totale, par arrêt de la Commune, en date du mois d'août 1793. Après avoir reçu un commencement d'exécution, cet arrêt a été rapporté, grâce aux efforts de Chaumette qui sut persuader ses membres qu'elles contenaient des indications importantes, parmi lesquelles l'astronome Dupuis avait trouvé son système planétaire.

Néanmoins le vandalisme de ce temps malheureux leur fit subir des mutilations considérables.

La basilique de Paris s'ouvre à l'extérieur par cinq portails et une petite porte, dont trois sur la place du Parvis, un sur la rue du Cloitre et un sur l'ancienne cour de l'archevêché.

§ I. PORTAIL DU CENTRE, DU JUGEMENT OU ROYAL.

Déjà en 1771 l'architecte Soufflot avait mutilé le portail du centre. Sous prétexte d'ouvrir un passage plus ample aux processions solennelles, il détruisit le beau trumeau du milieu qui supporte un christ, et est orné de bas reliefs curieux. Ensuite il entailla le tympan en attaquant ses sculptures pour y faire entrer le cintre de la nouvelle porte. Le trumeau et les parties endommagées du portail ont été rétablis avec soin depuis 1845 par les sculptures remarquables de Geoffroy de Chaume. Il porte la statue de Notre-Seigneur dont les pieds reposent sur la scène principale du paradis terrestre.

Les pieds droits montrent d'un côté les statues des cinq vierges sages, et de l'autre celles des cinq vierges folles. Elles sont dues à l'habile ciseau de Pascal. Le linteau et les cinq anges qui forment autant de consoles sont également modernes. Son tympan ou voûte ogivale est nouveau et se divise en trois zones.

La première, qui avait été totalement détruite en 1793, représente Notre-Seigneur

Jésus-Christ avec ses apôtres. Dans la deuxième on voit les symboles des quatre évangélistes et les prophètes qui ont été les hérauts de Notre-Seigneur Jésus-Christ sous l'ancienne loi.

Dans la troisième, d'un côté se voient les Vertus, et de l'autre les Vices représentés par des animaux. Les premières déplaisaient probablement aux révolutionnaires ; ils les ont mutilées, et de plus ont fait disparaître les attributs qu'elles portaient. Au sommet du tympan, on voit la grande scène de la Résurrection des morts et du Jugement dernier. C'est elle qui a fait donner le nom de *Porte du jugement* au portail du centre.

De chaque côté sur des pilastres se dressent les statues couronnées de la Foi et de la Religion.

§ II. PORTAIL DE LA SAINTE-VIERGE.

Le portail qui se trouve à gauche en arrivant à l'église, est appelé portail de la Sainte-Vierge. Il représente la sainte Vierge entourée des prophètes qui ont annoncé sa vie, sa mort et son couronnement. A droite sont les statues de saint Jean-Baptiste, de saint Etienne le premier martyr, de sainte Geneviève, la bergère de Nanterre qui sauva Paris des troupes d'Attila, au cinquième siècle, de saint Germain, évêque d'Auxerre, et de saint

Sylvestre ou de saint Amatre. A gauche se trouve saint Denis qui porte sa tête dans ses mains, il a près de lui la statue d'un roi.

Ces statues appartiennent au treizième siècle, et semblent avoir été placées dans ce portail, en mémoire de l'ancienne basilique de Saint-Etienne, ainsi que des églises de Saint-Jean le Rond, et de Saint-Denis du Pas dont ils étaient les patrons. Sur les deux faces des pieds droits et sur les côtés du trumeau, on voit trente-sept figures qui représentent ce qu'on appelle le zodiaque de Notre-Dame, où la sainte Vierge tient la place de Cérès. C'est probablement dans ce bas-relief que Chaumette trouva l'argument qu'il fit valoir auprès de la Commune de Paris pour faire rapporter le décret destructeur de tous ces joyaux du moyen âge.

§ III. PORTAIL DE SAINTE-ANNE.

Le portail appartient à la période de transition du style roman au style ogival. Il est composé en effet d'arcs en plein-cintre et d'arcs brisés, ce qui lui donne un peu de ressemblance avec certaines parties de la façade de la basilique de Saint-Denis.

Les figures dont il est orné, celles des rois surtout, paraissent avoir appartenu aux premières églises en mémoire desquelles elles ont été placées dans ce portail par Maurice de Sully.

Au sommet du tympan, on voit la sainte Vierge assise auprès de la crèche et les trois rois Mages qui viennent adorer l'Enfant-Dieu. Le côté droit représente saint Pierre, ainsi que le roi David armé d'une petite harpe, Betsabée et un autre roi ancêtre de la mère du Sauveur. Au côté gauche, c'est saint Paul, Salomon, la reine de Saba, et un autre roi juif.

Le trumeau est surmonté de la statue de saint Marcel, évêque de Paris, portée sur un dragon. La tête de cette statue, abattue en 1793, a été refaite en 1818.

Les deux statues que l'on voit sur les deux contreforts de la façade sont celles de saint Étienne et de saint Marcel.

§ IV. PORTAIL DU NORD.

En suivant la rue du Cloître-Notre-Dame, et en longeant l'aile septentrionale de l'église vous arrivez au portail du nord qui termine le transept de ce côté et qui donnait autrefois sur le cloître des Chanoines. Au pignon de la toiture, au-dessus de la rose et des trois rosaces s'élève une statue de la Vierge Immaculée. En bas le trumeau porte encore une vierge. A gauche se trouvaient les trois Vertus théologales et à droite les trois rois mages.

Au centre le tympan nous montre la nativité de Notre-Seigneur, l'adoration des Mages, la fuite en Egypte et le massacre des Innocents.

De ce portail à la porte rouge on voit encore les niches où étaient les statues des Vertus et des Vices, de Job emblème de la patience, d'Esther, figure biblique de Marie sauvant son peuple d'Assuérus, de David, l'un de ses aïeux, et de Goliath, image de Satan et des vices qu'elle a terrassés.

Ces statues appartenaient au quatorzième siècle, elles ont toutes disparu en 1793.

Au treizième et quatorzième siècles les malades et surtout ceux qui étaient attaqués du mal ardent, choléra ou petite vérole noire de ce temps, venaient se reposer pendant la nuit sous ce portail. Le Chapitre y entretenait six lampes. Ils y attendaient leur guérison et les soins des médecins qui *venaient y donner des consultations gratuites.*

§ V. PORTAIL MÉRIDIONAL OU DE SAINT-MARCEL.

Le portail du sud s'ouvre en face du précédent près de la Seine sur la première cour de l'ancien archevêché.

Il s'élève sur l'emplacement véritable de l'église Saint-Etienne ; sur le trumeau se dresse la statue du diacre martyr, environné dans le tympan des principales circonstances de sa vie et de sa mort, tandis que sur les côtés se trouvent les statues de plusieurs saints dont quelques-uns étaient les compagnons de saint Denis. Chose étrange! tous portent leurs têtes dans leurs mains. Quelle bizarre idée a donc traversé la tête du sculpteur? Ces statues ont été brisées et leurs morceaux dispersés pendant la Révolution. One n a retrouvé quelques-uns jusque dans la rue de la Santé où ils servaient de bornes. Signalés à l'administration par le comité des arts et des monuments, ils ont été rapportés au musée de Cluny en 1839, où l'on peut reconnaître encore parmi eux le corps de la statue de saint Denis.

Du côté de la cour on voit encore un bas-relief représentant le martyre de saint Etienne. Il a été placé là en mémoire de l'ancienne église de ce nom.

§ VI. LA PORTE ROUGE.

Si du portail septentrional vous suivez la grille de la rue du Cloître, vous arrivez bientôt à une petite porte peinte en rouge.

C'est la *Porte rouge* par laquelle les chanoines allaient du cloître dans l'église. Aujourd'hui encore, elle n'est pas publique, elle est réservée au clergé. Cette porte a été

construite au quatorzième siècle par Philippe-
le-Bel, avec une partie de l'argent provenant
de la vente des biens des templiers. Au milieu du tympan on voit le couronnement de
la sainte Vierge, et dans le pourtour les différentes phases de la vie chrétienne depuis
le baptême jusqu'à la confirmation. Ces bas-
reliefs ont été placés en cet endroit en mémoire du baptistère de Saint-Jean le Rond.

Ces sculptures sont d'une délicatesse remarquable; elles sont encadrées de guirlandes
de feuillage, de fleurs, de renoncules et de
roses admirablement fouillées. Les bas-reliefs des pieds droits représentent des fleurs,
des sphinx et des cerfs en médaillons.

§ VII. PORTES.

Les portes de Notre-Dame offrent les spe-
cimens les plus beaux de la serrurerie du
moyen-âge. Leurs pentures sont remarquables par leurs enroulements gracieux qui
s'épanouissent en fleurs et en feuillages.
Elles ont été refaites en partie dans la dernière restauration par Boulanger.

ARTICLE II

Abside ou Chevet

En quittant la Porte-Rouge, on rencontre

Nef centrale et chœur.

3

sur le mur de l'église huit médaillons en relief représentant plusieurs circonstances de la vie de la sainte Vierge, sa mort et son assomption, une scène de tentation et une châsse portée en procession. Les sculptures portent encore les mutilations de 93.

L'abside ou chevet de l'église est une merveille d'architecture. Elle a trois étages de galeries dont la première est une plate-forme considérable. Elle révèle combien les constructeurs de la basilique avaient le génie artistique. Ils ont su donner à ces arcs-boutants et à ces contreforts la légèreté nécessaire pour en faire des ornements. Sans nuire à leur solidité, ils ont changé les arêtes supérieures en caniveaux qui conduisent l'eau de la toiture aux gargouilles. Les campaniles, les clochetons, les pyramides, les aiguilles qui leur servent de base et les décorent, forment un coup d'œil très-gracieux.

La plupart de ces ornements ont été reconstruits dernièrement.

Pendant la Commune, quelques obus lancés par les batteries vandales du Père Lachaise, en ont endommagé un certain nombre, mais ils ont été rapidement réparés.

ARTICLE III

Tours, Galeries et Cloches

1° *Tours*. Les deux tours carrées qui s'élèvent au-dessus du portail sont du treizième siècle. A cette époque, les tours étaient surmontées d'une flèche, mais l'œuvre grandiose de Notre-Dame n'a pu être terminée. Les tours sont restées inachevées à partir du point où commence ordinairement la pyramide. L'une qui est au-dessus du portail de la Sainte-Vierge s'appelle la tour du nord, celle qui s'élève au-dessus du portail Sainte-Anne est la tour du sud. Elles ont 68 mètres de hauteur, et la façade en mesure 42 mètres 60 de largeur. Elles forment trois étages et sont percées de deux croisées ogivales à double ventaux.

2° *Galeries*. De l'une à l'autre des deux tours règnent trois étages de galeries. La première galerie est celle des rois. Elle contient vingt-sept statues des rois de France, bienfaiteurs de Notre-Dame, qui sont dues au talent de nos meilleurs artistes. Une ancienne inscription relate les noms des premiers depuis Clovis, Lothaire et Chilpéric, jusqu'à Philippe-Auguste ainsi que ceux d'autres rois qui n'ont point de statues. La deuxième galerie est celle de la Vierge ; ses sculptures se composent de la statue de Notre-Dame placée au centre et entourée de deux anges qui prient à ses côtés et des statues d'Adam et d'Eve qui se dressent sur la balustrade devant les trumeaux des deux belles portes en ogives des tours. Ces galeries ayant été détruites en 93, il a fallu en refaire toutes les statues.

Entre ces deux galeries se dessine la grande rose dont les vitraux supérieurs sont les seuls qui aient échappé à 93. Le troisième cercle de médaillons représente les signes du zodiaque et les autres contiennent les emblèmes des saisons ainsi que les différents êtres de la création et des rois bibliques.

La troisième se compose d'un magnifique péristyle formé de trente-quatre colonnettes trés-élégantes qui supportent une galerie à balustrade.

Ces galeries et les tours sont décorées de tous les ornements qui font la richesse et la beauté du style ogival du second ordre ou à lancette. Sans eux les tours paraitraient trop lourdes.

3° *Cloches*. Avant la Révolution les tours de Notre-Dame contenaient un carillon complet dont huit petites cloches, mais la Révolution en a enlevé un grand nombre qui n'ont pas été remplacées.

Parmi elles, il faut citer le bourdon actuel donné en 1400 par Jean de Montaigu, frère de Gérard de Montaigu, 95ᵉ évêque de Paris. Il fut d'abord nommé Jacqueline du nom de l'épouse du donateur. Il pesait alors 7,500 kil., mais en 1680, le Chapitre en fit augmenter le poids. Cette refonte ne fut pas heureuse, on fut obligé de la recommencer l'année suivante. Le 29 avril 1682, Louis XIV en fut le parrain et Marie-Thérèse d'Autriche la marraine. Ils lui donnèrent les noms d'Emmanuel Louise-Thérèse. Malgré ces refontes successives on n'avait pu le mettre d'accord avec les autres cloches. On refondit le bourdon une troisième fois en 1685, et on en porta le poids à 16,000 kilos, son battant en pèse 488. Il mesure 2 m. 76 de diamètre et 25 centim. d'épaisseur. Sur ses flancs on lit cette inscription : *Quæ prius Jacquelina Joannis comitis de Monte acuto donum, pondus XVM nunc duplo aucta Emmanuel Ludovica Theresia vocor a Ludovico magno ac Maria Theresia ejus conjuge nominata et a Francisco Harlay primo ex archiepiscopis parisiensibus ducæ ac pari Franciæ benedicta die XXIX Aprilis MDCLXXXII.*

Appelée d'abord Jacqueline, j'ai été offerte par le comte Jean de Montaigu, mon poids était de 1500, il a été porté au double ; Louis XIV et Marie-Thérèse son épouse m'ont appelée Emmanuel-Louise-Thérèse, François de Harlay premier archevêque de Paris, duc et pair de France, m'a bénie le 29 avril 1682.

Avant la Révolution il y avait dans le carillon trois cloches qui portaient des légendes indiquant leurs poids.

Le bourdon de Notre-Dame fut démonté en 1797 dans la crainte qu'on ne s'en servît pour sonner le tocsin. On ne le remonta que pour annoncer la conclusion du Concordat le jour de Pâques 1802.

Notre-Dame possédait un second bourdon qui avait été fondu le 1er octobre 1472. Il pesait 13,600 kilos. On le brisa avec une machine en 1792 ; huit hommes furent employés à cette opération pendant huit jours.

En 1857 on a installé dans la tour une cloche provenant de la cathédrale de Sébastopol.

Le bourdon ainsi que les autres cloches sont suspendus d'après un système très-ingénieux. On les met en mouvement facilement au moyen de coussinets articulés sans ébranler les tours.

On peut visiter les tours moyennant 20 centimes. Pour visiter le beffroi et le bourdon il faut donner 20 centimes en plus en prenant une carte à l'entrée de la tour.

ARTICLE IV

Combles et Flèche

Le public n'est pas admis à visiter les

combles de l'église ainsi que la flèche, mais il est utile d'en dire un mot.

Dans les combles se trouve la charpente de l'église. On a cru longtemps qu'elle était en châtaignier, mais des examens judicieux ont prouvé qu'elle se composait de poutres en chêne blanc.

Il en a fallu un si grand nombre qu'elles représentent une véritable forêt. C'est pourquoi les architectes ont donné à cette partie de l'église le nom de forêt.

La toiture est recouverte d'une couverture en plomb, et l'on voit sur le pignon se découper dans le ciel une crète dentelée de fleurs et de feuillages, terminée à l'extrémité de l'abside par une croix fleurie, ce qui produit l'effet le plus gracieux.

Du centre de la croix latine formée par le monument s'élance gracieuse, coquette et légère la flèche élégante qui vient attirer vos regards. D'abord comprise dans la première construction de Notre-Dame, elle a été abattue parce qu'elle compromettait la solidité de ses voûtes. Elle n'a été reconstruite que dans les dernières années de manière à ne pas les surcharger.

Ses assises reposent sur des contreforts d'angles, s'élevant sur un plan octogonal, qui a sept mètres de base au delà du hors-d'œuvre.

Elle se compose d'un étage fermé sortant

du comble, de deux étages à jour garnis de plates-formes sur lesquelles on peut monter, et enfin d'une pyramide. Cette flèche ne pèse que 750,000 kilogrammes et mesure 45 mètres de hauteur, depuis le comble jusqu'à la croix qui la surmonte. C'est un chef-d'œuvre d'architecture, qui rivalise de légèreté et d'élégance avec celle de la Sainte-Chapelle. On n'a employé dans sa construction que du bois de chêne blanc de Champagne et, pour en assurer la solidité, ainsi que la durée, les charpentes ont été enduites d'aluminium et recouvertes de feuilles de plomb.

Quant à l'ornementation, elle est composée de crochets, de frises et d'aiguilles qui en dessinent parfaitement les formes gracieuses.

Aux quatre noues du comble se trouvent autant de contrefiches, ornées d'arcatures rampantes, et se dressent en étages les douze statues des apôtres ainsi que les symboles des quatre évangélistes.

ARTICLE V

Ensemble de l'Extérieur

Lorsqu'on jette un coup d'œil sur l'ensemble extérieur de Notre-Dame on est frappé du nombre immense de gouttières qui sous le nom de chimères, de gargouilles, de tarasques et de magots allongent leurs têtes grimaçantes au-dessus de la rue.

Dans le bas de l'abside, elles sont plus petites, elles servent à verser les eaux des piscines des chapelles absidales.

Ces chimères qui revêtent pour la plupart une forme semi-animale et semi-humaine, ont l'expression des vices qu'elles symbolisent ; et, il se pourrait bien que les artistes du moyen âge se fussent donné le malin plaisir de buriner sur ces figures grotesques les traits de quelque personnage connu par ses défauts notoires. Elles vomissent hors de l'édifice les eaux pluviales de la toiture. Emblèmes de l'Eglise qui fait rejeter à l'homme les souillures du péché ! Symboles des démons, princes de l'air, de saint Paul (Eph. II. 2), qui volent continuellement autour des chrétiens pour les entrainer hors du chemin de la vertu, et contre lesquels il n'y a de secours que dans l'Eglise qui peut les enchainer !

DEUXIÈME PARTIE

INTÉRIEUR

Lorsqu'on a franchi le seuil de la Métropole de Paris, l'esprit est frappé des splendeurs qui se déroulent devant les yeux. Les colonnes qui s'élèvent vers la voûte en gerbes légères, les ogives qui ouvrent dans tous les sens de nouveaux horizons illuminés des mille nuances de la pourpre, de l'or, de l'émeraude et de l'azur ; ces effets variés de lumière arrivant à travers les vitraux et animant toutes ces figures, tous ces personnages de pierre, nous transportent en plein moyen âge.

Nous diviserons l'intérieur de Notre-Dame en *nefs* et *colonnades, chœur, galeries, transept* et *chapelles.*

CHAPITRE PREMIER

NEFS, COLONNADES ET CHŒUR, GALERIES ET TRANSEPT

1° *Nefs*. — Notre-Dame a la forme d'une croix latine, elle contient cinq nefs parallèles : la nef majeure et les nefs mineures ou bas-côtés. Elles sont éclairées en bas, par des ogives à quatre baies surmontées d'une rosace entourée de deux trèfles ; dans les galeries, par des ogives à trois baies avec trois rosaces. Les fenêtres du chœur sont des ogives à deux baies ornées d'une rosace. Cependant quelques-unes sont simples.

Autour de la nef centrale et du chœur se dressent, disposés en une double rangée, 120 piliers aux proportions et à la structure variées. Dans les bas-côtés, il y en a huit qui sont ronds. A partir de leur base, ils se brisent en cinq ou six colonnettes légères jusqu'à la voûte de l'église. Les colonnes des bas-côtés sont ornées de chapiteaux à feuilles d'acanthe, d'où s'échappent les nervures de la voûte. Aucun d'eux ne porte les mêmes ornements. Mais quant à celles de la nef et du chœur, leurs chapiteaux aux formes variées se subdivisent en trois colonnes, du

Bas-coté méridional de l'abside et clôture du chœur.

sommet desquelles s'élancent les nervures de la voûte. On en compte plus de 3,000 dans le vaisseau.

2° *Chœur.* — Le chœur est construit sur les fondations de l'antique église de Sainte-Marie. C'est un magnifique morceau du treizième siècle. Ainsi que la nef, il contenait des sépultures remarquables qui ont été détruites sous Louis XIV. Avec les pierres de ces monuments, on a fait des dalles pour les galeries et on les a remplacées dans le sanctuaire par une mosaïque, dans le chœur et dans la nef par des dalles de pierre et des carreaux de schiste bleu. Le devant du chœur était formé par un jubé remarquable qui a été détruit à la même époque. On l'a remplacé par la grille actuelle qui se trouve dans la partie de l'église appelée rond-point et par les deux nouveaux jubés qui se trouvent de chaque côté de l'entrée du chœur.

Avant 93, sa clôture montrait deux faces sculptées en bas-reliefs pleins. La face intérieure représentait des scènes tirées de la Genèse. On lui a substitué, sous Louis XIII, les montants des stalles actuelles que l'on a replacés dans la dernière réparation. Mais ces sculptures ont été mutilées en 93. Ces boiseries sont en chêne, et représentent les principales scènes de la vie de la sainte Vierge. Elles commencent près de la nef par deux trônes : celui de l'archevêque à droite, et celui de l'archevêque de Sens à gauche, et sont terminées au sommet par une crête composée de têtes de chérubins. En elles-mêmes, ce sont des chefs-d'œuvre de sculpture sur bois mais elle ne sont pas à leur place dans un chœur du treizième siècle.

On les appelle *Vœu de Louis XIII*, parce que ce prince les a données à la Métropole de Paris, en l'accomplissement du vœu qu'il avait fait afin d'obtenir un fils. Il est à regretter pour l'unité de l'ornementation du chœur que l'on n'ait pas rétabli la clôture intérieure dans son état primitif.

La face extérieure plus heureuse que la première a échappé au vandalisme révolutionnaire. Elle se compose de scènes tirées de la vie de Notre-Seigneur, exécutées en plein relief par Jehan Bory et Jehan Boutellier son neveu, *maîtres maçons et imagiers* de Notre-Dame en 1651, aux frais du chanoine Fayet qui en fit don à la Métropole. Ces figures sont pleines de naïveté et d'expression. Bien que leur dessin ne soit pas irréprochable, elles ont une valeur pour la science et pour l'art. Elles ont été remises à neuf récemment.

Dans la rangée d'ogives qui se trouvent au-dessous de ces bas-reliefs se trouvent les noms des personnages inhumés dans Notre-Dame. Parmi eux, on compte dix sept archevêques de Paris. Celui de Mgr Darboy commence la partie gauche de la clôture du sanctuaire.

Les vitraux des ogives simples du chœur représentent : au fond, la Visitation et l'Annonciation, au milieu, le *Salve regina*.

A droite : David, Abraham, Daniel, Jérémie, saint Augustin, saint Jérôme, saint Luc et saint Jean, Eudes de Sully et saint Marcel.

A gauche nous voyons : saint Denis et Maurice de Sully, saint Grégoire et saint Ambroise, saint Marc et saint Mathieu, Ezechiel et Isaïe, Aaron et Melchisedech. Puis, saint Georges, saint Martin, saint Etienne, saint Laurent, saint Louis avec Charlemagne, etc. Ils sortent des ateliers de Maréchal de Metz.

Le maître-autel de Maurice de Sully a été détruit, comme nous l'avons vu, sous Louis XIV et remplacé par un autel de marbre de ce temps. Lors de la restauration de Notre-Dame, on lui en substitua un autre en pierre sculptée de style romano-bysantin qui fut brûlé dans l'incendie allumé par les soldats de la Commune de Paris en 1871.

L'autel actuel a été fait sur le même modèle, et n'a été terminé qu'en 1874. Le tabernacle est en bronze doré, le retable est entouré d'une vigne dorée et les faces du tombeau montrent des trèfles au milieu desquels se trouvent des feuillages artistement découpés, de vigne, de chêne, de lierre et de renoncule.

La belle mosaïque aux fleurs de lys qui couvre le milieu du sanctuaire a eu le même sort. On a été obligé de la refaire, et elle n'a été finie également qu'en 1874. Elle représente les armes de Louis XIV.

Derrière le maître-autel, à droite, apparaît la vraie patronne de la basilique, *Notre-Dame des douleurs* recevant dans ses bras son Fils bien-aimé. Ce groupe en marbre blanc a été exécuté par Coustou.

A droite du sanctuaire, on voit la statue de Louis XIII offrant sa couronne à la sainte Vierge, et en face, à gauche, celle de Louis XIV mettant la France sous sa protection.

Les six autres statues en bronze échelonnées le long du sanctuaire sont des anges qui portent les instruments de la Passion.

Le sanctuaire est entouré d'une grille dont la partie supérieure contient une inscription commémorative de la construction de l'église par Maurice Sully. Elle s'ouvre sur les bas-côtés par deux grandes portes. Ses enroulements fleuris sont un travail remarquable de serrurerie, exécuté par Boulanger.

3° *Les galeries*. Le chœur et la nef sont entourés par un étage de vastes galeries qui s'ouvrent par des ogives à trois arcades surmontées d'une ouverture dite *quatre-feuilles*.

C'est pourquoi les antiquaires anglais ont appelé ces galeries *triforium*, de *tres fores*, *trois ouvertures*. C'était dans cette partie de l'église que les veuves et les vierges consacrées à Dieu assistaient aux offices divins.

Les galeries sont soutenues par cent huit colonnettes élégantes d'une seule pièce.

Une petite galerie étroite, établie comme une corniche au-dessus des portails du transept, met en communication les deux précédentes. Elle n'est pas ouverte au public.

On monte aux grandes galeries par les tours et au moyen d'un escalier établi à l'entrée de la nef septentrionale des chapelles absidales.

4° Le *transept*. C'est la partie qui forme les deux bras de la croix dans laquelle s'ouvrent les portes septentrionale et méridionale de la basilique. Signalons les sculptures intérieures ainsi que les deux belles roses qui les surmontent.

Dans le transept devant les premiers piliers du chœur se trouvent deux statues, l'une de saint Denis et l'autre de la Vierge. Celle-ci est la plus ancienne de toute l'église, elle a été rapportée de l'extérieur.

La sépulture que vous voyez à quelques mètres devant elle est celle de Mgr le cardinal de Noailles, archevêque de Paris.

Lorsqu'on fixe avec attention toutes ces sculptures suspendues en l'air qui éblouissent au premier coup d'œil, on ne tarde pas à découvrir au milieu de ces feuillages et de ces fleurs finement découpés tout un monde de figures d'anges ou de démons qui semblent vous suivre du regard en se répétant les notes de l'office divin.

CHAPITRE II

CHAPELLES

En entrant dans la basilique par la porte de la Vierge, se trouve la statue de Notre-Dame qui est l'objet de la dévotion particulière des Parisiens, c'est pourquoi on y voit toujours un grand nombre de cierges allumés et de fleurs déposés à ses pieds par leur dévotion.

En face, s'élève le Calvaire qui est également l'objet de la piété des fidèles.

Traversons le bas de la nef, passons devant le Calvaire et visitons les chapelles des bas-côtés. On en comptait primitivement quarante-cinq, mais les restaurations successives en ont diminué le nombre. Sous Louis XIV il a été restreint à trente-deux et lors des derniers travaux on n'en a laissé que vingt-six.

Les chapelles absidales ont été restaurées avec un soin et un art particuliers. Signalons au visiteur les chapiteaux des colonnettes aux corbeilles dorées, entourées de feuilles vertes de lierre, de chêne, de renoncule, de rose, de mauves et d'arums; les guirlandes élégantes de ces mêmes feuilles qui entourent les rétables, les autels dont les uns sont des tables légères supportées par deux pieds, et les autres des tombeaux pleins ornés d'ogives et de trèfles, où l'or se marie agréablement aux couleurs les plus brillantes ; les peintures murales artistement variées ; en un mot, tous ces détails riches et élégants qui se découvrent partout, et sur lesquels il nous faudrait revenir à chaque instant.

ARTICLE PREMIER

Chapelles du bas-côté méridional

1° *Chapelle des âmes du purgatoire.* La statue qui est au-dessus de l'autel représente Notre-Seigneur retirant une âme du purgatoire.

Les fresques montrent plusieurs emblèmes de l'esprit du mal.

2° *Chapelle Sainte Geneviève.* Elle a été fondée en 1866 par l'association des dames de Sainte-Geneviève instituée pour la création de nouvelles écoles dans les quartiers délaissés de Paris.

La statue de la sainte est placée sur l'avant du vaisseau qui est le symbole de la ville de Paris pour le guider et le protéger.

3° *Chapelle Saint-Joseph.* Elle nous montre la statue de ce saint jouant avec l'enfant Jésus. Les tapisseries polychromes du rétable sont du meilleur effet.

4° *Chapelle Saint-Pierre*. Saint Pierre tient la croix avec les clefs du Paradis. Les boiseries et le confessionnal de cette chapelle sont en cœur de chêne. Leurs sculptures représentent les douze apôtres, saint Germain, évêque de Paris et sainte Geneviève. Les figures de ces deux derniers sont entre le confessionnal et la grille.

C'est dans cette chapelle que confesse M. le grand-pénitencier qui est toujours un chanoine titulaire.

5° *Chapelle Sainte-Anne*. Sous la plate-forme qui porte la statue de la sainte, se trouve une colombe emblème du Saint-Esprit qui la dirigea dans l'éducation de la sainte Vierge. Les tentures du rétable sont d'une vérité frappante.

Les vitraux sortis des ateliers de Didron, en 1864, représentent des sujets tirés de la Genèse et se rapportant à Marie. Dans le lozange du sommet on aperçoit son image.

6° *Chapelle du Sacré-Cœur*. Le Sauveur qui se trouve sur le tabernacle montre les plaies de son côté et de ses mains. Au-dessus de la porte du tabernacle se trouve une branche de pervenche.

ARTICLE II

Chapelles du bas-côté septentrional

1° *Chapelle des Fonts-Baptismaux*. La cuve

des fonts est en bronze, elle est surmontée d'un saint Jean-Baptiste qui mérite d'être examiné de près. Autour se trouvent les symboles des quatre évangélistes et les douze apôtres. Elle a été faite par M. Bachelier d'après les dessins de M. Viollet-Leduc. On peut y faire quatre baptêmes à la fois.

2° *Chapelle Saint-Charles*. La statue du saint est remarquable.

3° *Chapelle de la Sainte-Enfance*. Elle a été faite en 1866 aux frais des associés de la Sainte-Enfance. La statue représente Notre-Seigneur caressant deux petits enfants, un chrétien français et un chinois. C'est la paraphrase sculptée du *laissez venir à moi les petits enfants*.

3° *Chapelle Saint-Vincent de Paule*. Elle a été établie par les Dames de charité en 1866, et nous montre une belle statue de l'apôtre de la charité.

4° *Chapelle Saint-François Xavier*. Elle a été fondée en 1866 par les Dames de l'Œuvre apostolique, et nous montre une belle statue de l'apôtre des Indes et du Japon.

5° *Chapelle Saint Landry*. Le saint évêque de Paris, l'un des fondateurs de l'Hôtel-Dieu, est debout au-dessus de cet hôpital. Elle a été faite en 1866 aux frais des Dames de la visite des hôpitaux.

6° *Chapelle Sainte-Clotilde*. Elle nous montre la statue de la sainte reine de France.

Statue de Notre-Dame placée dans le transept.

ARTICLE III

Chapelles absidales

Côté droit.

1° *Chapelle Saint-Denis.* Au-dessus de l'autel, sur la fresque de la muraille, sont représentées trois phases de la vie de saint Denis, premier évêque de Paris : 1° saint Denis recevant sa mission du Pape, 2° saint Denis, évêque de Paris, 3° son martyre et son apothéose.

Ce monument qui fait face à l'autel nous représente Mgr Affre, évêque de Paris, tombant à terre, frappé d'une balle sacrilège dirigée par la main d'un Parisien.

Le bas-relief du piédestal contient les circonstances de ce triste épisode de l'insurrection de juin 1848.

Cette chapelle a été consacrée à saint Denis en mémoire de l'église de Saint-Denis du Pas qui se trouvait derrière elle, dans la cour de l'archevêché.

2° *Chapelle Sainte-Madeleine.* La belle fresque de Perrodin qui se trouve au-dessus du maître-autel, représente : 1° à droite, la conversion de sainte Madeleine, 2° à gauche, sa rencontre avec l'ange auprès du tombeau de Jésus, 3° au centre, sa mort, surmontée de son apothéose.

En face de l'autel est la statue de Mgr Sibour, sculptée par Dubes. Les armes sur fond or, qui s'aperçoivent dans cette chapelle, sont celles de Mgr Garibaldi, archevêque de Myre, Nonce du Saint-Siége, décédé à Paris en 1853, dont le corps repose dans le caveau de la chapelle.

Disons en passant que ce prélat ne touchait ni de près, ni de loin à la famille du héros de Mentana.

3° *Chapelle d'Hartcourt*. Dans la chapelle qui suit et qui est divisée en deux parties par un confessionnal double se trouvent deux monuments remarquables. L'un est la statue en marbre blanc de la sainte Vierge faite par le Corrége dit Lombard. Cet artiste a manqué son sujet en lui faisant un cou trop long. L'autre est le monument funèbre élevé par Mme la comtesse d'Hartcourt à la mémoire de son mari.

Le comte d'Hartcourt était ambassadeur du roi Louis XIV à Vienne. Sa femme qui était resté à Paris, rêva que son mari mourant venait la réveiller pour lui faire ses adieux. Elle s'élançait au-devant de lui pour le voir une dernière fois, mais elle ne trouvait qu'un cercueil à moitié ouvert d'où son cadavre cherchait à sortir. D'un côté la mort arrivait avec son sablier en criant de sa voix inexorable : « Il est trop tard ». De l'autre, un ange consolateur soulevant la couverture du cercueil semblait regretter de ne pouvoir lui accorder la consolation qu'elle demandait. Or, quelques jours après, Mᵐᵉ d'Hartcourt apprenait que son mari était mort la même nuit et à la même heure. C'est pourquoi elle fit placer dans l'église Notre-Dame, ce monument sculpté par Anastase Pigale. Il représente toutes les particularités de son rêve et est regardé comme un chef-d'œuvre d'anatomie.

Cette chapelle contient en outre, du côté de la Vierge, la sépulture de S. Em. le cardinal Pierre de Luxembourg, évêque de Metz, et du côté du monument d'Hartcourt, celle de Guillaume, archevêque de Bourges.

4° *Chapelle Saint-Georges.* La grande fresque qui est à main droite représente saint Georges terrassant le dragon qui répandait la désolation dans son pays ; elle est de Stennel. Signalons les trèfles aux branches de chêne et la guirlande de lierre en chêne sculpté, de l'autel.

Dans les vitraux de la croisée de droite se trouvent l'histoire de saint Eustache, dans ceux de gauche celle de saint Georges. Ceux du centre contiennent la vie de saint Étienne. Ils ont été exécutés par Oudinot d'après les dessins de Stennel. A droite, dans l'attitude de la prière, se voit la statue de Mgr Morlot, cardinal-archevêque de Paris, qui attend

4.

celle de Mgr Darboy, assassiné par les désespérés de 1871.

Un peu plus loin est la statue de saint Georges terrassant le dragon.

5° *Chapelle de Notre-Dame de la Compassion*, patronne principale de la basilique. Cette chapelle occupe le fond de l'abside, et est entourée de stalles.

Le rétable de l'autel montre trois reliefs qui représentent le crucifiement, la descente de croix et la sépulture du Sauveur. Il est entouré d'une guirlande de roses. Au-dessus se tient debout Notre-Dame des douleurs portant la couronne d'épines dans la main. Son visage est empreint d'une douleur sereine. A droite sur un fond doré est une *antique* fresque qui nous montre la Vierge assise avec l'enfant Jésus, entre saint Denis et saint Marcel. Les fresques qui lui font face représentent les différentes circonstances douloureuses de sa vie. Elles sont dues au pinceau de Perrodin.

Le vitrail du milieu contient son histoire entière, celui de droite les différentes phases du pèlerinage de Notre-Dame, et celui de gauche, des personnages bibliques : les prophètes qui ont annoncé ses mystères et les rois ses aïeux. Ce sont des imitations de vitraux anciens parfaitement réussies par Didron.

Devant l'entrée du petit chœur et derrière le chœur se trouve le tombeau de Matifas de

Bucy, 83ᵉ évêque de Paris, dont on a retrouvé la sépulture dans les caveaux découverts lors de la restauration de cette chapelle. Les pierres fines de ses ornements ayant été enlevées en 93, on les a remplacées par des fausses. A droite du petit chœur, sur un petit pilier, vous voyez l'inscription qui accompagnait le monument.

L'autel de cette chapelle a été consacré en 1864, par Mgr Pallu du Parc, évêque de Blois.

Côté gauche.

6° *Chapelle Saint-Marcel.* Cette chapelle offre deux objets d'art remarquables : 1° un groupe de marbre sculpté par Deseine. Le cardinal du Belloy, archevêque de Paris, qui assista Sa Sainteté le Pape Pie VII au sacre de Napoléon Iᵉʳ, donne d'une main une bourse à deux orphelins, et tient de l'autre le psautier ouvert au psaume 140, dont on peut lire le premier verset. *Beatus qui intelligit super egenum et pauperem, in die mala liberabit eum Dominus.* Bienheureux celui qui comprend les besoins des pauvres, Dieu le délivrera de ses épreuves dans les jours mauvais.

A côté se tient saint Denis premier évêque de Paris, témoin des bonnes œuvres de son successeur. Le cardinal du Belloy est mort à cent ans moins quatre mois. En face se trouve le monument de Mgr de Quélen, archevêque de Paris, sculpté par Geoffroy de Chaume.

L'admirable fresque pleine de vie qui représente la translation solennelle des reliques de saint Marcel, de l'ancienne église de Sainte-Marie dans la basilique actuelle par Eudes de Sully, alors évêque de Paris, est un chef-d'œuvre de Maillot. Au-dessus de la châsse apparaît l'apothéose du saint.

Au-dessous du tableau, à gauche, se trouvent d'autres saints de Paris : saint Eligius, sainte Aure, et à droite sainte Geneviève et saint Germain.

7° *Chapelle Saint-Louis.* Ce monument est le tombeau du cardinal de Noailles, archevêque de Paris. Les fresques sont dues au pinceau de Maillot, elles montrent d'un côté les grandes saintes françaises : sainte Clotilde, sainte Radegonde, reines de France, sainte Isabelle, abbesse, sainte Jeanne de Valois, saint Denis et ses compagnons. Au-dessus des colonnettes qui s'élancent de l'autel vers la voûte, on voit trois statues : c'est Notre-Seigneur entouré de la sainte Vierge et de saint Jean.

De l'autre côté se trouvent les saints royaux de la France : saint Louis, saint Cloud, saint Louis évêque et le saint Empereur Charlemagne.

8° *Chapelle Saint-Germain.* Ce monument de marbre blanc est celui de Mgr de Beaumont, archevêque de Paris. Les fresques de l'autel nous montrent à droite : 1° saint Germain guérissant le roi Childebert, 2° le même, à gauche, faisant l'aumône aux pauvres, et au milieu, son apothéose. Sur les peintures murales se voit le chiffre du saint. Les fresques sont de Maillot.

9° *Chapelle Saint-Ferdinand.* Cette chapelle a été construite en 1867 aux frais de M. de la Riboisière, ainsi que l'indique l'inscription que nous y trouvons.

Les fresques de l'autel nous représentent saint Ferdinand : 1° recevant les leçons de sa mère, la reine Bérengère ; 2° acceptant la soumission des Maures qu'il a vaincus : 3° serviteur de la mère du Sauveur. Au-dessus saint Pierre et saint Paul, emblèmes de l'église dont il a été le défenseur. Maillot en est l'auteur.

Les peintures murales et les tours dorées de l'écusson nous montrent les armes du saint. Le monument de marbre est la sépulture de Mgr de Juigné, archevêque de Paris. Il a été sculpté par Cartellier. Les armes, ainsi que les ornements sont l'œuvre de Marchand.

10° *Chapelle Saint-Martin.* Le monument de marbre en demi-relief que l'on voit sur le mur qui fait face à l'autel est celui de Guébriant maréchal de France, et de Renée du Bec-Crépin son épouse. Les deux médaillons de ces deux personnages sont entourés d'ornements finement découpés.

Les fresques représentent : 1° à droite saint Martin, partageant son manteau avec un pauvre ; 2° à gauche, guérissant un lépreux, et 3° au milieu, recevant les éloges de Notre-Seigneur Jésus-Christ.

En visitant la sainte basilique de Notre-Dame, en faisant une station pieuse à chacune de ses chapelles et en quittant cet admirable sanctuaire élevé à la Mère des douleurs par la piété de nos pères, si vous avez besoin de quelque livre de prières, ou si vous voulez emporter des objets de piété, tels que médailles, images, chapelets etc., en souvenir de votre pèlerinage, vous trouverez tous ces objets à l'entrée de l'église.

Les visiteurs qui désireraient avoir des explications verbales sur le monument et ses détails *en toute langue* peuvent s'adresser à l'interprète agréé, attaché à l'église depuis 1854.

ARTICLE IV

Chapelles du Transept

Aux deux extrémités du transept où sont les deux portes latérales de la Métropole se trouvent deux chapelles.

1° *Chapelle Saint-Etienne.* Celle du nord

est dédiée à saint Etienne dont les fresques racontent la vie.

Le pourtour de la chapelle montre une rangée de saints qui indique les sources et la tradition de l'épiscopat de Paris, ce sont : saint Pierre, saint Denis, saint Rustique, saint Eleuthère, saint Marcel, saint Germain, saint Teraunus, saint Landry, saint Ansche-rius, Hugues, Guillaume et le cardinal Luxembourg, chanoine du chapitre métro-politain.

La grande rose de cette chapelle contient des évêques et des sujets bibliques. Au bas se voit un vitrail qui représente les rois de France fondateurs et bienfaiteurs de Notre-Dame.

2º *Chapelle de l'Annonciation.* La chapelle qui fait face à la précédente au fond du tran-sept est encore une chapelle de la Vierge. La statue polychromée représente *la Vierge à l'oiseau.* Marie tient un lys et l'enfant Jésus porte un oiseau sur sa main. Dans les fres-ques de l'autel vous voyez l'Annonciation et l'Assomption et celles du pourtour vous montrent les rois, les prophètes, les docteurs qui ont célébré ses grandeurs et ses parents, ce sont : le roi David, le prophète Isaïe, saint Joachim, sainte Anne, saint Joseph, sainte Elisabeth et saint Jean-Baptiste en-fant qui tient à sa main la coquille du bap-tème, saint Luc, saint Jean, saint Augustin,

saint Bernard, saint Dominique et le cardinal Bona. Cette série de personnages
représente la tradition relative à la sainte
Vierge. La statue placée au faîte de la porte
est celle de saint Étienne. La rose renferme
comme la précedente des sujets bibliques et
des évêques. Les vitraux qui sont à sa base
contiennent les rois juifs qui étaient les
aïeux de la sainte Vierge.

Les fresques de ces deux chapelles sont de
Perrodin.

Au fond de cette chapelle sur deux tables
de marbre scellés dans la muraille sont ins-
crits en lettres d'or les noms des otages qui
ont été fusillés par les agents de la Commune
en 1871.

Notre Dame prise du pont de l'Archevêché.   5
Abside et côté Méridional.

LISTE

DES

OTAGES DE LA COMMUNE

FUSILLÉS EN 1871

Mgr Darboy.

Surat, vicaire général.

Deguerry, curé de la Madeleine.

Bécourt, curé de Bonne-Nouvelle.

Sabattier, 2e vicaire de Notre-Dame de Lorette.

Houillon, prêtre des Missions étrangères.

Planchat, aumônier du patronage de Ste-Anne de Charonne.

Allard, aumônier d'ambulance.

Seigneret, séminariste de Saint-Sulpice.

Les PP. Jésuites

Olivaint.

Ducoudray.

Clerc.

Caubert.

De Bengy.

Les PP. Picpussiens

Radigue.

Rouchouze.

Tardieu.

Tuffier.

*Dominicains du tiers-ordre du Collége
d'Arcueil*

Captier.	Delhorme.
Bourard.	Chatagneret.
Cotrault.	

Saguet, frère des écoles chrétiennes, adjoint
à l'école communale d'Issy.

Laïques

Bonjean, président de la cour de Cassation.	Pauguelin, professeur auxiliaire à l'école d'Arcueil.
Charles dit Chaulieu, commis principal à la Préfecture de police.	Volant, idem.
	Cathala, serviteur à l'école d'Arcueil.
Chaudey, publiciste.	Cheminel, idem.
Derest, ancien officier de paix.	Dintroz, idem.
	Gros, idem.
	Marge, idem.
Jecker, banquier.	Petit, idem.

Militaires, Garde républicaine

Garaudet, maréchal des logis.	Cousin, brigadier.
Geanty, idem.	Poirot, idem.
Bermond, brigadier.	Pons, idem.

Gardes

Bianchardini.	Mannoni.
Rodin.	Marchetti.
Bouzon.	Marguritte.
Breton.	Marty.
Capdevielle.	Mongenot.
Carlotti.	Mouillé.
Chapuis.	Pacotte.
Colombani.	Paul.
Condeville.	Pauly.
Doublet.	Pourtaud.
Ducros.	Riolland.
Dupré.	Valder.
Fischer.	Villemain
Fourès.	Weiss.
Keller.	

Gendarmerie

Bellamy, gendarme à cheval.	Blanchon, gendarme à pied.
Lacaze, idem.	Valet.

Total : 76.

CHAPITRE III

Le trésor des églises est un musée d'antiquités chrétiennes contenant tous les objets précieux qui leur ont été donnés pendant plusieurs siècles. Malheureusement le trésor de Notre-Dame a été pillé et ses richesses confisquées ou fondues en 93.

C'était un des plus riches du monde; il possédait un grand nombre de reliques insignes renfermées dans des châsses précieuses.

ARTICLE PREMIER

Ancien Trésor

Outre la couronne d'épines, le bois de la vraie croix et le saint clou, l'ancien trésor contenait :

1° Un vase d'or vendu par l'archevêque de Cologne au chapitre de l'église métropolitaine de Paris 360 livres parisis, soit 36,000 fr. de notre monnaie actuelle. Il avait la forme d'un calice et était entouré de lames d'or enrichies de pierreries. Il pesait 21 marcs;

2° Un grand nombre de reliques renfermées dans des châsses très-précieuses ;

3° Les vêtements et le corps de saint Germain, évêque de Paris ;

4° Le corps de saint Marcel, évêque de Paris, renfermé dans une châsse en vermeil pesant 436 marcs. Cette châsse a été confisquée et fondue à la Monnaie le 8 octobre 1793. Le corps de saint Marcel était à Notre-Dame avant le onzième siècle ;

5° Le corps de saint Julien martyrisé à Louvres, près Paris ;

6° Celui de saint Lucien, martyrisé à Lugny, près Paris ;

7° Celui de saint Séverin, solitaire qui sauva Paris des Normands ;

8° Celui de saint Gendulfe.

Autrefois les vêtements des saints étaient exposés pendant les jours de fêtes sur les murs des églises, au milieu des décorations les plus belles.

Or, en 1218, un voleur placé dans la tribune, voulut, à l'aide d'un crochet, enlever plusieurs objets précieux exposés sur l'autel, il manqua son coup, mais renversa un cierge qui mit le feu aux vêtements des saints. On estima les dégâts de cet incendie à 45,000 livres parisis.

ARTICLE II

Sacristies'

Le trésor actuel contenait beaucoup d'objets précieux, mais la révolution de 93, les événements de 1832 et la Commune de 1871, en ont fait disparaitre ou détérioré un grand nombre. Quelques-uns sont encore chez les fabricants qui sont chargés de leur réparation, c'est la raison pour laquelle on ne les montre pas encore au public.

Le trésor est enfermé dans la nouvelle sacristie du chapitre et dans la salle capitulaire. Notre-Dame possède deux sacristies ; l'une pour la paroisse, c'est la sacristie des messes, l'autre pour MM. les chanoines. Ces édifices ont été bâtis dans l'ancienne cour de l'archevêché dans le même style que la cathédrale. On y arrive par deux corridors qui s'ouvrent sur la nef méridionale et dont les vitraux représentent la vie de sainte Geneviève. Leur construction a coûté un million de francs.

Dans la sacristie du chapitre trois vitraux de Maréchal de Metz représentent vingt-quatre évêques et archevêques de Paris jusqu'à Mgr Affre que l'on voit exposé dans sa chapelle ardente. Autrefois on y voyait un tableau de Lafond qui a si bien rendu l'épisode de la barricade au moment où l'archevêque frappé s'écria : « le bon Pasteur donne sa vie pour ses brebis ; puisse mon sang être le dernier versé ! » Les autres vitraux nous montrent une partie des évêques et archevêques de Paris en costume de leur temps. On y voit encore les quatre bustes de Mgr le comte de Quélen, de Mgr Sibour, de Mgr Morlot et de Mgr Darboy.

Signalons la belle cour du treizième siècle qui s'étend entre les deux galeries qui conduisent aux sacristies. Au milieu se trouve une fontaine remarquable par son architecture surmontée d'une croix fleurie ; six évêques sont assis sur les galeries.

ARTICLE III

Salle capitulaire

La salle capitulaire est moderne ; elle est située à gauche de la sacristie du chapitre. C'est là que NN. SS. les archevêques de Paris tiennent conseil avec les seize chanoines titulaires qui composent le chapitre de l'église métropolitaine.

L'ameublement de cette salle est simple et en harmonie avec l'édifice ; il sort des ateliers de Mirgan, entrepreneur de menuiserie. Les peintures décoratives de ses murs rappel-

5.

lent celles de la Sainte-Chapelle ; ses vitraux, ont été faits à Paris.

Au fond, se trouve le trône de S. Em. Mgr Guibert cardinal archevêque de Paris, d'un côté sont ses armes, de l'autre celles du chapitre.

ARTICLE IV

Trésor actuel, Reliques Insignes

1° La couronne d'épines qui fut mise sur la tête de Notre-Seigneur pendant sa Passion. Elle a été achetée par saint Louis et l'empereur latin de Constantinople Baudoin. D'abord déposée à Notre-Dame elle fut transportée solennellement dans la Sainte-Chapelle que le saint roi avait fait construire pour lui servir de reliquaire, et enfin elle a été rapportée dans la Métropole par les ordres de Napoléon Ier.

2° Un morceau de la vraie croix envoyé à Saint-Louis par Baudoin, empereur latin de Constantinople.

3° Un des clous avec lesquels Notre-Seigneur fut attaché à la croix. Le cardinal Morlot, archevêque de Tours, voulant leur donner un reliquaire digne d'elles, fit appel aux dames riches de Paris qui lui apportèrent bientôt un magnifique reliquaire en vermeil, orné de pierres fines d'une richesse incalculable fait sur le modèle de l'ancien. Ces trois reliques appartenaient à l'ancien trésor. (Voir leur histoire dans le Jubilé de Notre-Dame.)

Ces reliques sont exposées à la vénération des fidèles, chaque vendredi du carême, à la fête de la Susception de la *couronne* d'épines et le 15 août, fête de l'Assomption.

Objets précieux et vénérables : 1° La vertèbre de Mgr Affre, archevêque de Paris, tué sur la barricade du faubourg Saint-Antoine en juin 1848 et la balle qui l'a traversée. Une petite flèche indique son trajet : 2° ses gants, sa barrette ; 3° le moule de son visage pris trois jours après sa mort. Quelques cheveux et des cils de l'illustre prélat y sont restés attachés.

4° L'anneau et la croix pectorale de Mgr Surat, vicaire général de Paris, protonotaire apostolique, fusillé par les gens de la Commune en 1871.

5° Le manteau que Napoléon Ier portait à son couronnement, le coussin sur lequel était déposé la couronne impériale et le pied d'une croix en or massif donnée par lui. La croix existe dans une autre partie du trésor.

6° Le cierge qui a servi au baptême du prince impérial. Il est semé d'abeilles et d'aigles, et a été tenu par la duchesse d'Albe, sœur de l'impératrice Eugénie.

7° Deux bannières russes renvoyées d'Eupatoria, petit port de Crimée, par M. d'Allonville, général de cavalerie.

8° Les bustes de saint Denis et de saint Louis; ils sont en argent et enrichis de pierreries.

9° Une belle collection de vases sacrés offerts par différents personnages.

10° La croix qui a servi à saint Vincent de Paul pour administrer Louis XIII.

11° Le sceau en argent de la reine Isabel e d'Aragon, femme de Philippe Auguste; il a été retrouvé sous le chœur à côté de ses restes, lors de la dernière réparation.

12° Une chapelle en vermeil avec émaux, imitation du genre ancien, appartenant au chapitre.

13° La chapelle en vermeil de Mgr Buquet.

14° La chasuble avec laquelle Pie VII célébra la messe du couronnement de Napoléon I⁰ʳ.

15° Une bulle et les gants du pape Benoît XIV.

16° La mitre ornée de pierres fines et le missel donnés par Napoléon III à Mgr Sibour pour la célébration de son mariage.

17° Le beau Christ en ivoire, chef-d'œuvre de sculpture, donné par Louis XIV à Mᵐᵉ de la Vallière.

18° La Vierge en argent massif offerte par Charles X à Notre-Dame, à l'occasion de son couronnement.

19° Une collection de reliquaires en or, en argent et en vermeil avec leurs reliques munies d'authentiques, recueillis en Italie et

Chapelle de l'Annonciation. Transept Méridional.

données par Mme la marquise de Neuchaises.

20° Chapelle moderne enrichie de pierreries, sortie de la maison Poussielgue Rusand, acquise par M. de Place, chanoine, archiprêtre de Notre-Dame, avec les dons offerts par les fidèles.

21° Les mitres de Mgr Surat.

22° Chasubles anciennes provenant de l'ancien trésor.

23° Une mitre blanche qui fut placée sur la tête de Mgr Darboy pendant son exposition dans la chapelle ardente.

24° Autre mitre d'or fin que Mgr Darboy portait dans les grandes cérémonies.

25° Rochet et étole portés par Mgr Sibour lorsqu'il a été assassiné par Verger. On y voit encore les déchirures faites par le poignard de ce misérable.

26° Chapelle en vermeil, enrichie de diamants et de pierres fines, don de Napoléon III à M. de Place, à l'occasion de ses prédications quadragésimales aux Tuileries.

27° Petit ostensoir orné de turquoises préféré par Mgr Darboy pour donner la bénédiction du Saint-Sacrement.

28° Ancien reliquaire de la sainte couronne d'épines offert par Napoléon Ier. En 1871, il a été enlevé par les agents de la Commune avec une partie du trésor. Ce reliquaire a été bossué par ceux qui tentèrent de l'ouvrir pour s'emparer de la précieuse relique qui en avait été retirée à temps. On peut voir encore les traces du ciseau dont ils se sont servis pour cette opération.

29° Bénitier et accessoires en vermeil donnés par Napoléon Ier pour son couronnement.

30° Ostensoir orné de strass et enrichi d'une auréole en rubis donné par Louis XVIII à l'occasion du baptême de Mgr le duc de Bordeaux, comte de Chambord.

31° Suite de la collection de reliquaires offerts par Mme la marquise de Neuchaises.

32° Quatre statues contenant les reliques des saints qu'elles représentent.

Ornements.

1er *tiroir*. Chape moyen-âge, sortie de la maison Hubert-Ménage, ayant appartenue à Mgr Sibour. Elle a obtenu la médaille d'honneur à l'exposition universelle de 1855.

2e *tiroir*. Ornement complet donné par Napoléon Ier pour les cérémonies du sacre. Chasuble offerte par la reine Marie-Antoinette.

3e *tiroir*. Ornement de drap d'or enrichi de pierres fines. Il a été fait à la main en 1867, d'après un dessin tiré de l'architecture de Notre-Dame.

4e *tiroir*. Ornement de velours brodé d'or à la main.

Ornement de velours noir brodé argent qui sert aux services funèbres des chanoines, des archevêques de Paris, ou demandés par le gouvernement.

5° *Salle capitulaire*. Sur la muraille qui fait suite à la porte on voit une grande armoire rouge à pentures dorées, qui contient la suite du trésor. Les portes représentent des parties de la vie de saint Louis, peintes par Perrodin, élève de Flandrin. Elle contient des objets nombreux :

1° Des reliquaires anciens et modernes.

2° Un fac-similé *du triquetis de saint Louis*, reliquaire articulé à compartiments dont le saint roi ne se séparait jamais.

3° Un grand ostensoir moderne qui sert pour l'adoration perpétuelle ; le pied représente une citadelle : aux angles, sont assis quatre anges armés de lances. Il a été fait pendant l'administration de M. de Place, d'après le modèle d'un ancien ostensoir, confisqué par la Révolution. La custode est ornée d'une auréole de diamants.

Quatre statuettes en vermeil et en bronze doré, de saint Jean-Baptiste, saint Sébastien, sainte Agathe et sainte Geneviève. Elles contiennent dans leurs poitrines des reliques de ces saints.

Vient ensuite une petite armoire dans laquelle on voit :

1° Trois soutanes de Mgr Affre, dont celle

qu'il portait lorsqu'il a été tué ; elle est percée du trou fait par la balle tirée sur le vénérable prélat.

2° La soutane de Mgr Sibour. On y voit le trou fait par le poignard de Verger.

3° La soutane de Mgr Darboy, elle est percée sur la poitrine de sept trous de balle, et des coups de baïonnettes dont les soldats de la Commune lacérèrent son corps en le piétinant pour l'achever. Le cadavre de l'archevêque fut dépouillé de ses habits et porté sur une brouette au cimetière du Père-Lachaise où il fut enfoui dans la fosse commune. On ne le retrouva que huit jours après et avec difficulté, car les visages des otages fusillés avaient été tellement défigurés qu'on ne pouvait les reconnaître que difficilement.

Le trésor est ouvert tous les jours de dix à quatre heures, excepté les dimanches et les fêtes chômées. Les visiteurs y sont admis moyennant cinquante centimes en s'adressant aux officiers de l'église qui sont de garde. Aucune gratification obligatoire n'est due aux employés.

SOUVENIR DU TRÉSOR
DE
NOTRE-DAME

---

1. Soutane de Mgr Georges Darboy, fusillé à la Roquette, en haine de la Foi, le 24 mai 1871.

2. Soutane de Mgr Denis-Auguste Affre, blessé aux barricades, le 25 juin, et mort le 27 juin 1848.

3. Soutane et rochet de Mgr Marie-Dominique-Auguste Sibour, assassiné à St-Étienne du Mont, le 3 janvier 1857.

1. Cassock of Mgr Georges Darboy, shot at the prison of " la Roquette", in hatred of the Faith, the 24th of may 1871.

2. Cassock of Mgr Denis-Auguste Affre, wounded at the barricades the 25th of june and dead the 27th of the same month 1848.

3. Cassock and surplice of Mgr Marie - Dominique - Auguste Sibour, assassinated in the church of St-Étienne du Mont, the 3rd of january 1857.

Mementote præpositorum vestrorum qui vobis locuti sunt verbum Dei : quorum intuentes exitum conversationis, imitamini Fidem.

Souvenez-vous de ces hommes qui furent à votre tête, et qui vous annoncèrent la parole de Dieu, contemplez leur fin précieuse devant Dieu, et imitez leur Foi.

Remember these men who were at your head and who announced to you the word of God. Contemplate their happy death before God, and imitate their Faith.

(Déposé)

ARTICLE V

Chaire et Orgue

§ I. CHAIRE.

La chaire qui se trouve au milieu de la nef est un chef d'œuvre de sculpture sur bois. Elle est en chêne et a été exécutée par Mirgan d'après les dessins de M. Viollet-Leduc. Elle est surmontée de quatre anges qui sonnent de la trompette, et autour de l'abat-voix on aperçoit les symboles des quatre évangélistes.

La chaire de Notre-Dame a entendu les prédications des orateurs les plus célèbres : Depuis Bossuet, Fénelon, et Massillon jusqu'à Maury, de Boulogne, Frayssinous, Lacordaire, Ravignan, Félix, NN. SS. Dupanloup, Le Courtier, Langénieux, Loyson dit le P. Hyacinthe, Bauer, de Place, Perrault, Olivier, les abbés Roche et Bonnefoy, les PP. Monsabré, Chapotin, Matignon, Dutau, etc.

§ II. ORGUE.

A la basilique restaurée il fallait un orgue en rapport avec les progrès accomplis depuis quelques années dans la fabrication de ces instruments. L'ancien orgue ne répondaît plus à la magnificence de la Métropole. Construit par Thierry-Lesclope, sous Louis XV pendant l'administration de Mgr Christophe de Beaumont, archevêque de Paris, il fut inauguré en 1750 et agrandi en 1785 par Cliquet. A cette époque, pour favoriser le talent des artistes, le chapitre de Notre-Dame y avait attaché les quatre plus célèbres organistes de Paris qui se succédaient chaque trimestre au clavier du grand orgue. Les forcénés de 93 lui firent subir quelques outrages, mais il est étonnant qu'ils ne l'aient pas détruit. Remis en état sous le premier empire, il fut complètement réparé de 1833 à 1838 par Dallery, père et fils, qui renouvelèrent les quatre claviers, et tout son mécanisme d'après l'ancien système. Mais leur nouvelle soufflerie était défectueuse et trop pénible à faire marcher.

Il fallut donc doter la cathédrale de Paris d'un instrument supérieur à toutes les autres orgues. C'est pourquoi le gouvernement de Napoléon III confia sa réparation à la maison Cavaillé-Coll qui venait de transformer avec un succès inattendu les instruments remarquables de la Madeleine et de Saint-Sulpice.

Après cinq ans de travail et d'études, ce nouvel orgue a été inauguré le 6 mars 1868. Les éléments qui le composent sont si bien combinés qu'on ne pourrait les modifier sans en altérer l'harmonie. Qualité de premier ordre qui fait de l'orgue de Notre-Dame *le plus parfait des instruments de ce genre.*

Il comprend cinq claviers à main et un de pédale qui ont : 1° le clavier de pédale, 16 jeux et 480 tuyaux ; il s'étend d'*ut* à *fa* et contient 30 notes ;

2° Le clavier du grand chœur : 12 jeux et 672 tuyaux ;

3° Le clavier du grand orgue : 14 jeux et 1088 tuyaux ;

4° Le clavier de bombarde : 14 jeux et 945 tuyaux ;

5° Le clavier du positif : 14 jeux et 989 tuyaux ;

6° Le clavier du récit : 16 jeux et 1072 tuyaux.

Chacun de ces cinq claviers à main s'étend d'*ut* à *sol* et possède 56 notes.

Total 86 jeux, 5246 tuyaux, 12 registres et 22 pédales de combinaison.

Tout ce mécanisme est disposé dans un espace assez restreint, avec tant d'art qu'on peut en atteindre toutes les parties pour les démonter et les réparer sans craindre d'en froisser aucune.

La plupart de ces jeux sont remarquables par la justesse de leur accord, la délicatesse de leur timbre. La rondeur, le moelleux et la puissance de leurs sons laissent bien loin derrière lui les orgues célèbres de Fribourg, de Harlem et de Dresde.

Parmi les perfectionnements apportés par M. Cavaillé-Coll à l'incomparable instrument qu'il a installé dans la Métropole de Paris, signalons en quatre : 1° la transformation de la soufflerie ; 2° le moteur pneumatique ; 3° les pédales de combinaison ; 4° la base harmonique. La soufflerie se compose : d'un double réservoir à quatre pompes pouvant alimenter l'orgue de 400 litres d'air par seconde ; d'une soufflerie à forte pression avec quatre pompes et lui envoyant au besoin 200 litres d'air par seconde ; dans l'intérieur de l'orgue, de deux réservoirs à forte pression ; quatre autres pour le récit, le grand chœur, les dessus du positif et la bombarde, et un grand nombre d'autres plus petits. Ces réservoirs contiennent ensemble 25,000 litres d'air environ, quantité qu'on ne trouvera pas trop grande en considérant que les gros tuyaux dépensent 70 litres d'air par seconde.

2° *Le moteur pneumatique.* Il fallait étager les claviers dans un espace très-restreint et mouvoir les registres à distance. Alors M. Cavaillé-Coll a eu l'ingénieuse idée d'appliquer aux claviers la machine de Barker doublée ; par ce moyen, une grande partie du travail matériel a été mise à la charge du souffleur, et l'organiste moins fatigué n'a plus qu'à penser à ses morceaux de musique. Ainsi les claviers, les touches, les registres, ont chacun leur moteur pneumatique et les pédales de combinaison en ont deux, ce qui donne un total de 484 moteurs pneumatiques.

3° *Les pédales de combinaison*. Elles sont au nombre de 22 et servent au mélange des jeux et à varier les effets d'harmonie. Aucun orgue n'en possède un si grand nombre. Au moyen de ces pédales, un artiste habile peut en tirer tout le parti possible; il n'est pas de mélodie, de mélopée de sons doux, suaves et puissants qu'il n'en puisse faire sortir.

4° *La base harmonique*. Jusqu'ici la base harmonique des orgues ne dépassait pas onze degrés; mais M. Cavaillé-Coll a su ajouter à son magnifique orgue, les jeux intermédiaires de la septième avec ses différentes octaves, ce qui lui a donné une base de 16 degrés pris dans la série harmonique de 1 à 32. Cette addition en augmente la sonorité et permet d'en obtenir une variété d'effets plus riche et plus considérable.

Terminons en concluant avec le rapport de la commission officielle chargée de la réception de l'orgue et dont nous venons de donner le résumé : « L'orgue de l'église métropolitaine est un instrument de premier « ordre, il honore au plus haut degré la

« facture française, dépasse par la fécondité
« et la richesse de ses ressources les résul-
« tats artistiques que les clauses du devis
« laisaient pressentir. »

Les illustrations de la musique ont tenu tour à tour et simultanément l'orgue de Notre-Dame. Daquin, l'émule d'Haendel et de Rameau, Couperin, le neveu de Couperin le Grand, Balbâtre, élève de Rameau ; Léjan, Campra et Lesueur, ont été les organistes de la Métropole. Actuellement M. Sergent tient le grand orgue et M. Kiesner, maître de chapelle, occupe l'orgue du chœur. Tous deux sont des élèves distingués de la maitrise de Notre-Dame, la pépinière par excellence des organistes de Paris.

ARTICLE VI

Évêques, Archevêques, Chapitre et Paroisse, Confréries

La Métropole de Paris a vu 107 évêques depuis saint Denis jusqu'à Henri IV, et 18 archevêques jusqu'à nos jours.

1° *Évêques.*

1. SAINT DENIS.	4. VICTORINUS.
2. MALLO.	5. PAULUS,
3. ADVENTUS OU ADVENTINUS.	6. PRUDENTIUS.
	7. SAINT MARCEL.

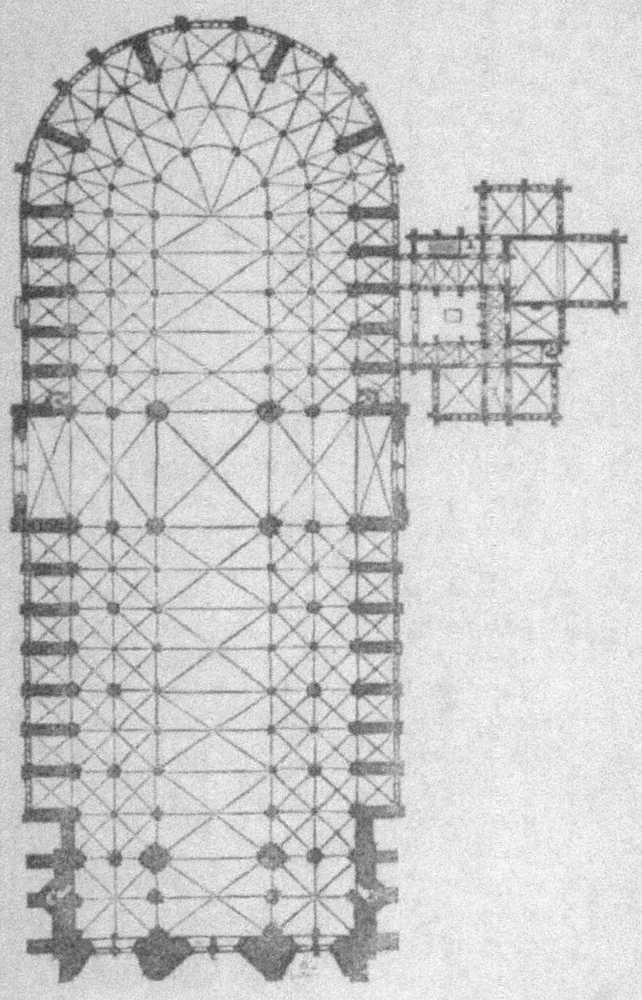

Plan de Notre-Dame et des sacristies.   6

8. Vivien.
9. Félix.
10. Flavien.
11. Ursicinus.
12. Apedemius.
13. Heraclius.
14. Probatus.
15. Amelius.
16. Safaracus.
17. Eusèbe.
18. Saint Germain.
19. Ragnemodus.
20. Eusèbe II.
21. Faramodus.
22. Simplicius.
23. Saint Ceraunus.
24. Lendert.
25. Audobert.
26. Saint Landry.
27. Chrodobert.
28. Sigobaud.
29. Importun.
30. Saint Agilbert.
31. Sigfrid.
32. Turnoald.
33. Axilfe.
34. Bernechaire.
35. Saint Hugues.
36. Merseidus.
37. Pedolius.
38. Ragnecaptus.
39. Madalbert.
40. Seodofrid.
41. Echenrad Ier.
42. Ermenfred.
43. Inchade.
44. Erchenradus II.
45. Œnée.
46. Ingelwin.
47. Gozlin.
48. Anschericus.
49. Theodulphe.
50. Fulrade.
51. Adelhelme.
52. Gautier Ier.
53. Albéric.
54. Constant.
55. Garin.
56. Rainalde.
57. Elisiard ou Lisierne.
58. Gislebert ou Engelbert.
59. Rainald de Vendôme.
60. Albert.
61. Franco.
62. Imbert de Vergy
63. Gaulfride de Boulogne.
64. Guillaume de Monfort.

65. Fulcon.
66. Galon.
67. Girbert ou Gislebert.
68. Etienne Ier de Senlis.
69. Théobald.
70. Pierre Ier Lombard.
71. Maurice de Sully.
72. Eudes de Sully.
73. Pierre II de Nemours.
74. Guillaume II de Seignelay.
75. Barthelemy.
76. Guillaume III d'Auvergne.
77. Gaulthier II de Chateau-Thierry.
78. Reginald de Corbeil.
79. Etienne II Tempier.
80. Rainulphe d'Homblonnière.
81. Simon Matifas de Bussy.
82. Guillaume IV de Baufet.
83. Etienne III de Bourret.
84. Hugues II.
85. Guillaume V de Chanac.
86. Fuléon II de Chanac.
87. Andoine Aubert.
88. Pierre III de la Forest.
89. Jean Ier de Meulan.
90. Etienne IV de Paris.
91. Aimeric de Maignac.
92. Pierre IV d'Orgemont.
93. Gérard de Montaigu.
94. Jean II de Courtecuisse.
95. Jean III de la Roche-Taillée
96. Jean IV de Nanterre.
97. Jacques de Chastellier.

98. Denis II de Mou-
 lins.
99. Guillaume VI
 Charlier.
100. Louis de Beau-
 mont dit de la
 Forest.
101. Jean V, Simon.
102. Etienne V de
 Poucher.
103. Jean VI de Pel-
 lay.
104. Eustache du
 Bellay.
105. Guillaume VII
 Viole.
106. Pierre V de
 Gondy.
107. Henri de Gon-
 dy.

2e *Archevêques.*

1. Jean-François de
 Gondy.
2. Jean François
 Paule de Gon-
 dy, cardinal de
 Retz.
3. Pierre de Marca.
4. Hardoin de Pé-
 refixe de Bau-
 mont.
5. François II de
 Harlay de
 Champvallon.
6. Louis-Antoine de
 Nouailles.
7. Charles-Gaspard-
 Guillaume de
 Vintimille.
8. Jacques-Bona Gi-
 gault de Bel-
 lefonds.
9. Christophe de
 Baumont.
10. Antoine-Éléono-
 re Léo.
11. Leclerc de Jui-
 gné.
12. J. Baptiste de
 Belloy, cardi-
 nal.
13. Alexandre-An-
 gélique de Tal-
 leyrand de Pé-
 rigord.
14. Hyacinthe-Louis
 de Quelen.

6.

15. Denis Affre.
16. Marie Dominique Sibour.
17. Morlot, cardinal.
18. Georges Darboy.

19. Son Em. Mgr Guibert Joseph-Hippolyte, né à Aix (Bouches-du-Rhône) le 13 décembre 1802, évêque de Viviers en 1842, archevêque de Tours en 1857, archevêque de Paris en 1871, créé cardinal-prêtre de la sainte église Romaine du titre de *Saint-Jean devant la Porte Latine* le 22 décembre 1873. Mgr Richard, évêque de Belley, a été nommé son coadjuteur le 3 mai 1875.

3º *Chapitre.* Le chapitre se compose de seize chanoines titulaires qui ont pour marque distinctive le ruban bleu de ciel et une croix pectorale. Viennent ensuite six chanoines prébendés et cinq vicaires de chœur.

Le doyen du chapitre est en ce moment M. l'abbé Dedoue, ancien secrétaire de Mgr Sibour, archevêque de Paris.

4º *Paroisse.* La paroisse de Notre-Dame, après avoir possédé plus de 30,000 âmes n'en plus a que 4,500. Son curé a le titre d'archiprêtre, et il est toujours pris, comme tous ceux des cathédrales, parmi les chanoines titulaires. En ce moment, le curé de Notre-Dame est M. l'abbé de Geslin, ancien curé de la paroisse Saint-Médard. Il est assisté de trois vicaires.

Le territoire de la paroisse occupe toute la

Cité, et une faible partie de la rive gauche de la Seine comprise entre la partie orientale de la place Saint-Michel, les numéros pairs des rues de la Huchette, de la Bûcherie, des Grands-Degrés et les quais Montebello et Saint-Michel.

5° *Confréries*. Le clergé de Notre-Dame a toujours été nombreux. L'office divin s'y célébrait avec une pompe particulière, et chacune de ses parties était dite à l'heure prescrite. Chose remarquable ! les chanoines chantaient régulièrement matines toutes les nuits et à l'heure de minuit. C'est pourquoi nous voyons se former à une époque très-reculée une confrérie de la Sainte-Vierge composée de personnes qui se levaient tous les jours à cette heure avancée, pour venir assister à l'office de Matines. Elle s'appelait *Confraternitas Beatæ Mariæ Virginis Parisiensis surgentium ad matutinas.* Confrérie de la Bienheureuse Vierge Marie de Paris pour assister à matines. Cet usage a été conservé jusqu'en 1790, année dans laquelle les événements politiques vinrent le détruire. Il y avait encore à la Métropole une confrérie de Saint-Augustin composée uniquement d'ecclésiastiques.

Notre-Dame était en outre le centre des confréries des archers (20 janvier), des compagnons et maîtres cordonniers, des orfèvres qui offraient chaque année à l'église un tableau, des médecins, des musiciens, organistes et enfin des fabricants d'instruments de musique.

Aujourd'hui Notre-Dame n'a plus que deux confréries ; l'une est la confrérie de la sainte Vierge, et l'autre la confrérie de l'Adoration Perpétuelle du Saint-Sacrement.

CONCLUSION

La construction des casernes, du Tribunal de commerce, de la Cour de cassation, de la préfecture de police, du nouvel Hôtel-Dieu, et l'installation du nouveau marché au fleurs ont fait des vides immenses dans cette population de la cité. Ces démolitions ont fait arriver les rayons bienfaisants du soleil dans ces ruelles humides et insalubres, où ils n'avaient pas pénétré depuis seize siècles.

Lorsque le plan complet des embellissements projetés sera totalement réalisé, la cité ne possèdera que des établissements publics ; toutes les maisons particulières seront supprimées.

A l'ouest. La place Dauphine abattue sera convertie en un square qui servira d'encadrement au péristyle de la cour de cassation, la préfecture de police s'étendra jusqu'auprès du pont Saint-Michel. A l'est, devant le nouvel Hôtel-Dieu, un square et sur l'emplacement de l'ancien une allée d'arbres se prolongeant entre la basilique et la

Seine jusqu'au pont de l'Archevêché feront à Notre-Dame un cadre gracieux de verdure et de fleurs, et sous les feuillages des arbres se dressera la statue équestre de Philippe-Auguste fondateur de la Métropole actuelle,

Le côté septentrional de Notre-Dame dégagé des restes du vieux Paris verra construire un nouveau palais de l'archevêché avec ses dépendances dont les squares actuels seront les jardins.

Tel est le passé, le présent et l'avenir de la basilique mineure de Notre-Dame célébrée par une *fantaisie* à grand orchestre de Victor Hugo dans laquelle on ne rencontre *qu'une seule réalité* : le sonneur Quasimodo.

PRIÈRE

VÉNÉRABLE GUILLAUME

ÉVÊQUE DE PARIS

O mère de Dieu ! j'ai recours à vous, et je vous conjure de ne pas me rejeter, puisque toute l'assemblée des fidèles vous nomme et vous proclame la mère des miséricordes. Vous êtes tellement aimée de Dieu, qu'il vous exauce toujours ; votre charité n'a jamais manqué à personne, votre douce affabilité n'a rebuté aucun pécheur, quel que fût son crime, lorsqu'il se recommandait à vous. Serait-ce faussement ou en vain que l'Église vous nommerait son avocate et le refuge des misérables? A Dieu ne plaise que mes péchés vous empêchent de remplir le grand office de miséricorde qui vous est confié en qualité d'avocate et de médiatrice de paix, d'unique espérance et de refuge certain des malheureux. A Dieu ne plaise que la mère de Dieu, qui a enfanté pour le salut de tout le monde la fontaine de miséricorde, refuse sa compassion à un misérable qui l'implore. Votre office est de rétablir la paix entre Dieu et les hommes, secourez-moi avec cette inépuisable miséricorde, qui est supérieure à tous mes péchés. Ainsi soit-il.

TABLE

DEUXIÈME PARTIE.

Intérieur.

Prière du Vénérable Guillaume évêque de Paris
à Notre-Dame.

Paris. — E. de Soye et Fils, imp., pl. du Panthéon, 5.

Nous avons jugé utile de faire connaître aux visiteurs de Notre-Dame les principales maisons de commerce de Paris.

Parmi eux se trouvent un grand nombre d'ecclésiastiques, de religieux et de fidèles venant de la province et de l'étranger. Ils profitent de leur séjour dans la capitale pour faire des achats importants ; or, bien souvent, ils ne connaissent pas les établissements de confiance dans lesquels ils peuvent trouver les articles dont ils ont besoin, et perdent un temps qui pourrait être plus utilement employé qu'à les chercher.

En conséquence, nous avons inséré au talon de cet opuscule l'indication des maisons les plus connues pour la qualité et la beauté de leurs articles en même temps que pour la confiance qu'elles méritent : magasins d'ornements ecclésiastiques, de lingerie pour les églises, bronzes d'art de toute sorte, d'argenterie, d'orfévrerie, d'étoffes, draps, d'imagerie, de papeterie etc., telles sont les indications renfermées dans le catalogue suivant.

M. F. HERVÉ DU LORIN
Interprète agréé de la cathédrale de Paris

a l'honneur d'informer le public visiteur de la sainte basilique que si, pendant son séjour à Paris, il désire passer une journée agréablement en parcourant les environs de Paris comprenant les lieux de combats et de sorties faites par les armées françaises pendant le siège de 1870 et 1871, il pourra s'adresser au bureau, 21, rue d'Arcole, pour prendre ses billets, un jour à l'avance, pour faire le trajet en voiture à 4 chevaux, dite voiture anglaise, de Paris à Versailles en traversant le bois de Boulogne et s'arrêtant aux ruines du château impérial de Saint-Cloud, puis à la manufacture de Sèvres, le grand et le petit Trianon, les voitures de grand gala de de Sa Majesté l'empereur Napoléon III, le parc et les jardins réservés de Versailles, le château et l'Assemblée nationale.

3/4 d'heure d'arrêt à l'hôtel de France pour la collation.

Retour à Paris par la forêt de Ville-d'Avray, le bois de Saint-Cloud et le champ de bataille de Buzenval, les hauteurs et redoutes de Montretout.

Arrivée à Paris par le bois de Boulogne.

Les voyageurs sont laissés à leur domicile respectif de 5 heures 1/2 à 6 heures.

Départs chaque matin à 10 h. 1/2, lundis exceptés.

Un guide connaissant toutes les langues donne les explications sur tout le parcours.

La distance faite par les voyageurs est de 32 kilomètres, toujours en voitures.

Ce voyage est agréable à tous les points de vue, surtout il est économique.

Cette excursion, organisée par les soins de son fondateur, M. Hervé du Lorin, a déjà obtenu un immense succès et le nombre de personnes qui l'ont patronnée jusqu'alors s'élève à 44,000.

PRIX DU TRAJET ALLER ET RETOUR :
1re classe, **20** fr. — 2e classe, **15** fr. — 3e classe, **12** fr.
Tous frais compris à l'exception de la collation